AF315590

PROJET D'INSTRUCTION

SUR

LA PROCÉDURE CRIMINELLE,

PRÉSENTÉ

AU NOM DES COMITÉS DE CONSTITUTION ET DE
JURISPRUDENCE CRIMINELLE,

PAR M. BEAUMEZ, DÉPUTÉ DU DÉPARTEMENT DU PAS DE-CALAIS.

———————

A PARIS;

DE L'IMPRIMERIE NATIONALE

1791.

PROJET D'INSTRUCTION

SUR

LA PROCÉDURE CRIMINELLE.

DE LA POLICE.

L'ASSEMBLÉE NATIONALE, en s'occupant de pourvoir à la sûreté publique, par la repreſſion des délits qui troublent la ſociété, a ſenti que l'accompliſſement de ce but exigeoit le concours de deux pouvoirs, celui de la police & celui de la juſtice.

La police, conſidérée ſous ſes rapports avec la ſûreté publique, doit précéder l'action de la juſtice; la vigilance doit être ſon caractère principal; la ſociété, conſidérée en maſſe, eſt l'objet eſſentiel de ſa ſollicitude.

L'action de la police ſur chaque citoyen doit être aſſez prompte & aſſez ſûre pour qu'aucun d'eux ne puiſſe l'éluder; elle doit faire enſorte que rien ne lui échappe : mais ſon action doit être aſſez modérée pour ne pas bleſſer l'individu qu'elle atteint; il ne faut pas qu'il ait à regretter l'inſtitution d'un pouvoir conſtitué pour ſon avantage, & que les précautions priſes en ſa faveur ſoient plus inſupportables que les maux dont elles doivent l'affranchir.

L'Aſſemblée nationale n'a point créé de nouveaux mandataires pour exercer la police de ſûreté; elle l'a confiée à des agens déja honorés par la conſtitution du dépôt d'une grande confiance : c'eſt principalement aux juges-de-paix qu'elle en a conféré la plénitude; & en ajoutant ce nouveau pouvoir à celui dont

les juges-de-paix jouiſſoient antérieurement, elle a
penſé que ces diverſes attributions ſe prêteroient dans
leurs mains une force mutuelle.

Les fonctions de la police ſont délicates. Si les prin-
cipes en ſont conſtans, leur application du moins eſt
modifiée par mille circonſtances qui échappent à la
prévoyance des lois; & ces fonctions ont beſoin, pour
s'exercer, d'une ſorte de latitude de confiance qui
ne peut ſe repoſer que ſur des mandataires infini-
ment purs. Les juges-de-paix, élus par le peuple
pour exercer le plus doux & le plus conſolant de
tous les miniſtères politiques, dans un cercle peu
étendu, dont ils connoiſſent tous les individus & où
ils ſont connus de tous, ne ſembloient-ils pas déſignés pour accumuler ſur leurs perſonnes tout ce qui
peut rendre la police tranquillifante pour ceux qu'elle
protège, reſpectable pour ceux qu'elle ſurveille, &
raſſurante pour ceux même qu'elle ſoumet à ſon action?

Mais il eſt des cas où un juge-de-paix ne ſuffiroit
point à tant de détails. La police de ſûreté exige ſou-
vent des déplacemens. Ce n'eſt point aſſez que ceux
qui l'exercent ſoient impaſſibles & intrépides; il faut
encore qu'ils ſoient agiſſans, qu'ils voient par leurs
yeux, & que leur préſence prenne ſur le fait, s'il eſt
poſſible, les auteurs du délit, ou du moins en ſai-
ſiſſent les traces encore ſi récentes, qu'elles décèlent
inévitablement leurs auteurs. Cette conſidération a
dû conduire l'Aſſemblée nationale à aſſocier, dans les
circonſtances actuelles, les officiers de la gendarmerie
nationale à une grande partie des fonctions de police
attribuées aux juges-de-paix, relativement aux délits
commis hors de l'enceinte des villes. Elle a lieu de
penſer qu'honorés des ſuffrages des adminiſtrateurs
choiſis par le peuple, & juſtement flattés de la haute
importance du pouvoir dont ils partagent l'exercice,
ils juſtifieront cette détermination par un reſpect pro-
fond pour la loi & pour la liberté de leurs concitoyens.

Ainſi l'on comprend ſous le nom général d'officiers
de police, les juges-de-paix & les officiers de gendarmerie nationale. On verra, dans la ſuite de cette inſtruction, quelques légères différences introduites par
la loi entre les attributions de pouvoirs déléguées aux
uns & aux autres; mais ces nuances, que nous ferons
remarquer ſoigneuſement, n'empêchent pas qu'ils
ne ſoient déſignés par la commune dénomination
d'officiers de police.

Les fonctions d'officiers de police consistent,

1°. A recevoir les plaintes ou dénonciations qui leur font portées ;

2°. A constater, par des procès-verbaux, les traces des délits qui en laissent quelques-unes après eux, & à recueillir les indications sur les individus qui s'en font rendus coupables ;

3°. A entendre les individus inculpés de délits, & à s'assurer, s'il est possible, de leurs personnes.

Tous dommages donnent lieu à une action. L'action résultante du dommage causé par un délit, se nomme une plainte. La plainte doit être adressée à l'officier de police, non pour qu'il y statue en définitif, car c'est à la justice que telle fonction appartient, mais pour qu'il mette la justice à portée d'y statuer par les actes préparatoires qui vont être désignés.

Le premier de ces actes est de constater les griefs de la partie qui se prétend lésée, & à cet effet il faut que la partie remette sa plainte toute rédigée, ou qu'elle la rédige sous les yeux de l'officier de police, ou enfin que l'officier de police la rédige lui-même sous les yeux de la partie, & sur l'exposé qu'elle le requiert de consigner dans ce procès-verbal. Une partie qui rend plainte ne peut se faire représenter à cet effet que par un fondé de procuration spéciale ; car l'action qui naît d'un délit commis envers nous ou envers les personnes dont la sûreté nous est aussi précieuse que celle de notre propre individu, ne peut pas être confondue avec ces intérêts purement pécuniaires, sur lesquels un fondé de procuration générale peut être autorisé à stipuler pour nous ; dans ces cas toujours imprévus, & dont l'importance est graduée par mille considérations purement personnelles à l'individu qui souffre, il peut seul délibérer & agir pour lui-même. Il ne suffit pas que le procureur spécial justifie de cette qualité devant le juge, il faut encore que sa qualité puisse demeurer constante & prouvée à tous ceux qui prendront connoissance de la plainte, & c'est pour remplir ce but que l'acte de procuration demeurera annexé. Il est sensible que dans les cas où la plainte est portée par un procureur fondé, la procuration doit contenir le détail exact des faits dont elle charge le fondé d'affirmer la vérité.

Les faits consignés dans une plainte doivent l'être d'une manière authentique, & à laquelle on ne puisse apporter aucun changement. C'est pourquoi la plainte doit être signée par la partie qui la rend ; & afin qu'on n'en puiffe pas altérer la teneur, cette fignature doit être répétée à toutes les feuilles, lefquelles feront cotées & paraphées par le juge de police. Celui-ci doit également figner la plainte en toutes fes feuilles, la dater, & affirmer la vérité des faits y contenus; il doit encore faire une mention expreffe de la fignature de la partie plaignante, ou du moins de fon refus de figner, fi elle ne le peut ou ne le fait; car la partie qui pouvant figner ne le voudroit pas, doit être confidérée comme ne voulant pas rendre plainte.

Un premier mouvement peut porter à rendre une plainte inconfidérée. Il eft jufte de laiffer place aux regrets qu'amène une réflexion plus lente & le refroidiffement d'une paffion trop vivement émue. Ainfi celui qui dans les vingt-quatre heures fe fera défifté de fa plainte, fera confidéré comme s'il n'avoit point agi; fa plainte demeurera biffée & anéantie. L'effet de cet anéantiffement ne doit pas être confondu avec la fimple faculté de fe défifter, qu'il eft libre au plaignant d'exercer quand bon lui femble, & à quelque époque que ce foit, en vertu du principe qui permet à chacun de renoncer à une action introduite en matière criminelle comme en matière civile, fauf à l'accufé à fe pourvoir contre le plaignant pour fes dommages & intérêts, s'il s'y croit fondé.

Il en eft autrement quand le défiftement intervient dans les vingt-quatre heures; alors il ne peut y avoir lieu aux dommages & intérêts pour le fait de la plainte.

Quoique le plaignant renonce à fuivre fa plainte, fi les faits qu'il y a énoncés ont averti l'officier de police de l'exiftence d'un délit qui intéreffe le public, fa vigilance ne manquera point de profiter de cet avis falutaire pour agir d'office.

Une partie qui rend plainte, doit, pour juftifier autant qu'il lui eft poffible, dans ce premier inftant, les faits qu'elle allègue, amener avec elle les témoins qui en ont connoiffance. Cette précaution eft néceffaire autant pour conftater le degré de croyance que mérite la plainte, que pour préparer à la juftice les moyens de juger de la vérité des faits fur lefquels elle aura à prononcer, en lui indiquant d'avance une partie des perfonnes qui en font inftruites, & dans les déclarations defquelles peuvent fe trouver d'utiles renfeignemens qui conduiront à découvrir d'autres témoins. Le juge doit donc recevoir les déclarations des témoins produits par le plaignant & en tenir procès-verbal; mais il ne doit pas confondre ces déclarations avec les dépofitions qui fe recevoient & s'écrivoient dans les formes de l'ancienne procédure criminelle.

Ces déclarations ne font point deftinées à faire charge au procès : leur principal objet, comme on l'a dit, eft de corroborer la plainte, & de fervir à l'officier de police de guide fur la conduite qu'il doit tenir envers la perfonne inculpée. Lorfque le temps de l'action de la police fera écoulé, & que la juftice fera entrée en connoiffance de l'affaire, ces dépofitions écrites produiront encore le bon effet de foutenir la confcience des témoins trop pufillanimes, lefquels s'expliqueront avec plus de franchife quand ils fe fentiront appuyés fur les déclarations écrites, fans être néanmoins liés par elles. L'accufé, qui en aura connoiffance, y pourra puifer les moyens d'atténuer des témoignages évidemment contradictoires.

Enfin, fi, après la procédure confommée, de nouveaux faits, inopinément connus, venoient porter un jour inattendu fur une affaire, les déclarations écrites des témoins entendus devant l'officier de police fourniroient du moins quelques renfeignemens fur les caufes de la condamnation, & pourroient fervir à rectifier le jugement. Ce que nous venons de dire des déclarations écrites devant l'officier de police, s'appliquera également, quant aux effets, à toutes les autres dépofitions écrites qui pourront être reçues, foit devant le juge de diftrict, foit devant celui du tribunal criminel. Il a paru néceffaire, pour ne laiffer aucune ambiguité fur la nature de ces déclarations, & fur la forme qu'il convient de leur donner, de fpécifier, avant tout, l'ufage auquel elles étoient deftinées : le plus grand des inconvéniens feroit qu'on pût les confidérer comme le dépôt des vraies charges du procès, & y chercher la vérité de préférence à ce qui doit réfulter des dépofitions orales, de l'examen & du débat. Les formes de ces déclarations écrites doivent cependant être affez régulières, pour que l'on puiffe y trouver tous les renfeignemens qui peuvent aider à bien connoître le témoin & à ne pas le confondre avec une autre perfonne du même nom; ainfi, l'officier de police comprendra dans le procès-verbal les nom & furnom, l'âge, la demeure & la qualité du témoin, fans toutefois que l'omiffion d'une de ces circonftances puiffe opérer une nullité ; car on ne doit pas chercher dans un renfeignement cette même précifion de forme qui n'eft rigoureufement néceffaire que dans une pièce probante.

Si la partie qui rend une plainte n'amenoit pas avec
elle de témoins, mais se contentoit d'en indiquer,
l'officier de police devroit alors les faire comparoître
devant lui, & se conformer, pour leur audition, à
tout ce qui a été dit des témoins amenés par la partie.
Cette évocation des témoins doit se faire en vertu
d'une cédule délivrée par l'officier de police, laquelle
est notifiée aux témoins par un huissier ou gendarme
national ; cette cédule doit indiquer le jour, l'heure
& le lieu de la comparution des témoins.

Ce ne sont pas seulement des plaintes que les citoyens sont autorisés à porter devant l'officier de police ;
il est encore de leur droit & même de leur devoir de
dénoncer tous les attentats dont ils auront été témoins,
soit contre la liberté ou la vie d'un autre homme,
soit contre la sureté publique ou individuelle : la liberté ne pouvant subsister que par l'observation des
lois qui protègent tous les membres de la société contre
les entreprises d'un homme puissant ou audacieux,
rien ne caractérise mieux un peuple libre que cette
haine vigoureuse du crime, qui fait de chaque citoyen
un adversaire direct de tout infracteur des lois sociales.

Ce devoir est encore bien plus sacré lorsque le
délit a privé la société de la vie d'un citoyen : il n'y
a que des hommes lâches & indignes de la liberté
qui puissent connoître un si grand crime & ne pas le
dénoncer ; lors même que le meurtrier seroit inconnu,
lorsque la cause immédiate de la mort ne seroit pas
bien clairement manifestée, il suffiroit qu'il existât un
homme frappé de mort par une cause inconnue ou
suspecte, pour que tous ceux qui ont connoissance
du fait fussent tenus d'en donner avis sur le-champ à
la police.

Rien n'est plus éloigné des formes obscures & per-
fides de la délation que la dénonciation civique ; mais
elle ne prend le caractère généreux qui la distingue, &
ne devient une véritable dénonciation civique, que
par la fermeté du dénonciateur lorsqu'il consent à
déclarer, sur la réquisition de l'officier de police, qu'il
est prêt à signer & affirmer sa dénonciation, & qu'il veut
donner caution de la poursuivre. Par cette démarche
authentique, le dénonciateur impose à l'officier de
police la nécessité de donner une suite à la dénonciation
qui lui est portée, & d'entendre les témoins qu'il lui
indiquera.

Une dénonciation qui ne seroit point appuyée de

la signature & de l'affirmation du dénonciateur, &
pour la suite de laquelle il refuseroit de donner caution, ne seroit plus une dénonciation civique proprement dite, mais un simple renseignement qui, quoique
fort utile, n'auroit pas la même efficacité, & n'obligeroit pas aussi étroitement l'officier de police à commencer des procédures.

Les actes qu'il pourroit faire, d'après une semblable
notice, seroient des actes faits d'office & sur lesquels
on ne pourroit le considérer comme ayant été provoqué d'une manière légale.

Tout délit dont l'existence & dont les circonstances
peuvent être constatées par un procès-verbal, doit
l'être ainsi dans l'instant le plus voisin du temps auquel il a été commis.

En effet, plus cet acte suit de près l'époque où le
délit a eu lieu, & plus les renseignemens sont véridiques
& propres, soit à faire connoître le délit en lui-
même, soit à désigner quel en est l'auteur : il est
donc du devoir de l'officier de police, aussitôt qu'il
est informé d'un délit semblable, soit par une plainte,
soit par une dénonciation, soit enfin par la rumeur
publique, de se transporter sur les lieux, & de se faire
accompagner des personnes qui sont désignées, par
leur art, comme les plus capables d'en apprécier la
nature & les circonstances ; & après avoir visité avec
elles toutes les traces qu'il pourra découvrir, de les
constater, ainsi que les observations des gens de l'art,
dans un procès-verbal.

Cette précaution est particulièrement recommandée
dans tous les cas où il existera une mort d'homme qui
pourra donner lieu à quelques suspicions du crime.
Comme il est extrêmement important que les traces
d'un fait aussi grave soient saisies avec la plus diligente
attention, l'Assemblée nationale a chargé spécialement
l'officier de la gendarmerie nationale du lieu, ou, à son défaut, celui du lieu le plus voisin, de se transporter, dans
ces cas, à l'endroit où gît le cadavre, & de faire toutes
les premières poursuites d'office & sans attendre aucune
réquisition. Elle l'a rendu personnellement responsable
de toute négligence à cet égard ; cette disposition
n'exclut point la compétence du juge de paix du
canton, qui sera tenu de faire les mêmes diligences
lorsqu'il aura été averti : mais comme il est impossible
qu'une responsabilité d'une grande importance puisse
résider à-la-fois sur plusieurs têtes, l'Assemblée natio-

nale s'est déterminée à charger spécialement l'officier
de la gendarmerie nationale de ces premiers devoirs,
qu'il pourroit être plus difficile à un juge de paix de
remplir à l'instant même où la nécessité exigeroit qu'ils
fussent accomplis sans délai.

Au procès-verbal tenu sur les lieux doivent comparoître les parens, amis, voisins ou domestiques du
décédé, & en outre toutes les personnes qui peuvent
donner des renseignemens utiles; leurs déclarations
sommaires doivent être reçues au procès-verbal; elles
doivent les signer ou déclarer qu'elles ne le peuvent,
ou ne le savent, de ce interpellées : il en doit être fait
mention dans le procès-verbal; & pour compléter,
autant qu'il est possible, les notions précieuses qui
doivent être recueillies dans le premier instant, l'officier de police défendra que qui que ce soit sorte ou
s'éloigne du lieu où le mort aura été trouvé, & pourra
contraindre ainsi les contrevenans, en les saisissant
eux-mêmes sur-le-champ, à éclairer la société sur
les faits qu'il lui importe de connoître.

Toutes ces opérations doivent se faire en présence
de deux notables du lieu qui signeront au procès-
verbal, sans être assujétis à aucune autre obligation.

S'il résulte de ces recherches une preuve quelconque
ou même des indices frappans contre quelque particulier, l'officier de police peut & doit même l'obliger
à comparoître devant lui.

C'est une partie délicate des fonctions de la police,
que celle qui consiste à évoquer pardevant l'officier
qui l'exerce, le citoyen inculpé, soit par une dénonciation, soit par une plainte, soit enfin par la rumeur
publique, ou par une réunion de circonstances qui
détermine l'officier de police à diriger contre lui d'office
ses suspicions; il est clair cependant, aux yeux de tous
ceux qui se font fait une idée juste de la liberté, que
la loi seule peut assurer la liberté de tous : ainsi nul
ne peut refuser de venir rendre compte de sa conduite
à l'officier préposé par la loi. Cet hommage rendu à
la puissance uniforme de la loi, est tout à-la-fois le
prix & la sauve-garde de la liberté de chaque individu; cependant le droit d'évoquer les citoyens, pour
les examiner sur leur conduite, n'est pas un droit arbitraire, & la police a ses règles dont elle ne doit pas
s'écarter.

Lorsque l'oreille de l'officier de police est frappée
de la connoissance d'un délit par une plainte, il pourra,

d'après les connoiffances & les commencemens de preuves qui lui feront fournis à l'appui de la plainte, juger s'il y a lieu ou non de faire comparoître devant lui la perfonne inculpée ; car, s'il lui paroiffoit clair que l'inculpation fût fans fondement, & qu'elle fe réduifît à une vaine allégation, il ne devroit pas facri fier le repos du citoyen légérement inculpé au caprice d'un plaignant fi peu digne de confiance. D'un autre côté, fi l'officier de police refufant de faire comparoître devant lui un citoyen défigné dans une plainte, le plaignant fe croyoit léfé par le refus, commecette décifion de la police n'eft que provifoire, il fera indiqué ci-après par quel moyen le plaignant pourra donner fuite à fa plainte.

Si l'officier de police juge qu'il y ait lieu de faire comparoître devant lui le prévenu, alors il faut confidérer trois hypothèfes, où l'officier de police qui reçoit la plainte, a, dans l'étendue de fon reffort, le lieu du délit.

Ou il a dans fon reffort, foit le domicile habituel, foit la réfidence actuelle du prévenu.

Ou enfin fon reffort ne s'étend ni fur le lieu du délit, ni fur celui de la réfidence du prévenu.

Aux deux premiers cas, l'officier de police peut délivrer un ordre pour faire comparoître le prévenu ; au troifième cas, il doit renvoyer l'affaire avec toutes les pièces devant le juge de paix du délit, & ce fera celui-ci qui jugera s'il y a lieu ou non à faire comparoître le prévenu.

L'ordre en vertu duquel un prévenu doit comparoître s'appelle mandat d'amener.

Le juge de paix, qui décerne un mandat d'amener, doit toujours faire amener devant lui le prévenu qu'il évoque. Cette circonftance conftitue une différence effentielle entre fon attribution en fait de police de fureté, & celle qui eft déférée à l'officier de la gendarmerie. Celui-ci, dans le cas où il eft faifi de l'affaire par la voie de plainte, ou même de dénonciation, après avoir entendu les déclarations fommaires qui lui font préfentées à l'appui, peut & doit, s'il le juge convenable, faire comparoître le prévenu ; mais non pas le faire comparoître devant lui. Son mandat d'amener doit ordonner de conduire le prévenu devant le juge de paix du lieu du délit. Ce n'eft que dans les cas où l'officier de la gendarmerie s'eft tranfporté, foit fur le lieu d'un délit encore flagrant, foit pour conftater les traces d'un délit qui en a laiffé de permanentes, qu'il peut faire amener devant lui les prévenus. On peut encore traduire devant l'officier de la gendarmerie, quoiqu'il ne se soit pas transporté sur les lieux, les personnes saisies en flagrant délit, ou saisies munies d'effets suspects, ou d'instrumens servant à les faire présumer coupables.

Lorsqu'un officier de police, après avoir reçu des déclarations de témoins, sur le lieu du délit où il s'est transporté pour dresser procès-verbal, trouvera dans ces déclarations des raisons de suspecter un citoyen, il pourra le faire saisir sur-le-champ ; & si on ne peut le saisir, délivrer contre lui le mandat d'amener. Il pourra également le faire saisir, & faute de pouvoir le saisir, délivrer contre lui le mandat d'amener dans tous les cas de flagrant délit.

Dans ce cas de flagrant délit, tout dépositaire de la force publique, & même tout citoyen doit, pour l'intérêt de la société, s'employer de lui-même à saisir le délinquant ; car tous les bons citoyens doivent former sans cesse une ligue sainte & patriotique contre les infracteurs de la constitution & des lois.

On doit considérer comme équivalent au cas de flagrant délit, celui où un délinquant surpris au milieu de son crime, est poursuivi à la clameur publique ; ou celui où un particulier est trouvé saisi d'effets volés ou d'instrumens propres à commettre le crime ; car, si ces indices sont trompeuses & peuvent accuser par fois un moment, une personne innocente, ils exigent du moins que le fait de l'innocence soit éclairé. L'homme ainsi arrêté doit être conduit aussitôt devant l'officier de police le plus voisin.

Toutes les fois qu'un citoyen s'est rendu dénonciateur civique, en signant & en affirmant sa dénonciation, & en donnant caution de la poursuivre, l'officier de police ne peut refuser de décerner un mandat d'amener le prévenu.

Les mandats d'amener doivent être portés, soit par les huissiers attachés au tribunal de paix, soit par les cavaliers de la gendarmerie nationale.

Le porteur d'un ordre semblable ne doit jamais oublier que c'est à des hommes libres qu'il notifie une évocation légale, & que toute insulte, tout mauvais traitement volontaire sont des crimes de la part de celui qui agit au nom de la loi.

Ainsi le porteur du mandat demandera d'abord au prévenu s'il entend y obéir ; & dans le cas où le pré-

venu confentira & fe mettra en devoir d'obéir, le
porteur n'aura qu'à l'accompagner & à le protéger
jufqu'à ce qu'il foit rendu devant l'officier de police.

Ceux qui refuferoient d'obéir à l'évocation conte-
nue dans le mandat d'amener, doivent, fans doute, être
contraints par la force à y obtempérer; car il eft impoffible, dans un état bien ordonné, que l'obéiffance
ne demeure pas à la loi, & que la réfiftance d'un feul
ne foit pas vaincue par la force publique; mais
l'emploi même de cette force doit être fagement mo
déré; elle doit contraindre l'individu, mais non pas
l'accabler. Le prévenu, à qui un mandat d'amener
eft notifié, eft en droit de réclamer qu'on le mène pardevant les officiers municipaux du lieu où cet ordre
lui eft notifié; afin que ceux-ci puiffent examiner fi
l'ordre eft légal, s'il eft revêtu des formes qui doivent y
faire ajouter foi, & s'il a été rendu par une perfonne
compétente pour le délivrer.

Les officiers municipaux entendront également la
perfonne inculpée fur la manière dont on en a ufé,
à fon égard, pour l'exécution du mandat d'amener; fi
elle fe plaint de violences ou injures exercées contre
elle en l'arrêtant, ils en drefferont procès-verbal & l'en-
verront au juge de paix.

Les formes requifes dans un mandat d'amener, font,
1°. la défignation claire & précife, autant que faire fe
pourra, de l'individu contre lequel il eft décerné. 2°.
Que le mandat foit figné & fcellé de l'officier qui le
délivrera. 3°. Qu'il contienne l'ordre d'amener le prévenu devant l'officier de police, après l'avoir préala-
blement conduit devant la municipalité du lieu où le
mandat lui parviendra, s'il le requiert ainfi.

Ce mandat peut être préfenté à un citoyen dans fa
maifon; & s'il en défendoit l'entrée, le porteur du
mandat pourra requérir la force publique pour s'y in-
troduire, & notifier le mandat au prévenu, même pour
l'amener devant l'officier de police, s'il étoit refufant de
s'y rendre volontairement.

Il y auroit cependant trop d'inconvéniens à ce qu'en
vertu d'un mandat d'amener, un prévenu pût être
conduit d'une extrémité du royaume à l'autre, fur les
fimples fufpicions qui peuvent fervir de bafe à une détermination auffi provifoire qu'un mandat d'amener.
Cet inconvénient feroit plus fenfible encore, fi l'officier
de police dans le canton duquel un délit a été commis,
ou celui de la réfidence de l'accufé faifoit amener
devant lui, long-temps après, un prévenu qui, depuis

cette époque, fe feroit éloigné du lieu où l'on viendroit
à élever contre lui quelques fufpicions.

L'Affemblée nationale a prévenu cet abus, en dé-
crétant qu'au delà de la diftance de 10 lieues &
après deux jours d'intervalle, on fe contenteroit de
retenir le prévenu, & d'en donner avis à l'officier de
police qui auroit décerné le mandat. La perfonne du
prévenu ainfi gardée, l'officier de police enverra les
pièces de l'affaire au juré d'accufation, fuivant les
formes qui feront ci-après expofées ; & le prévenu demeurera dans cet état de faifie provifoire de fa perfonne jufqu'à ce que le juré d'accufation ait prononcé
s'il y a lieu ou non de l'accufer.

La manière de s'affurer de la perfonne d'un prévenu
arrêté après les deux jours & à la diftance de 10 lieues
du domicile de l'officier qui a délivré le mandat
d'amener, a été laiffée par la loi à la prudence des
officiers municipaux. C'eft à eux de juger d'après la
nature du délit dont il eft prévenu, d'après toutes les
autres circonftances, quelles précautions font néceffaires à prendre pour qu'il n'échappe pas à la police, s'il
fuffira de le garder à vue ou de le confier dans quelque lieu fûr, ou s'il faudra le dépofer dans la maifon
d'arrêt.

Néanmoins un homme trouvé faifi d'effets volés ou
d'inftrumens propres à le faire préfumer coupable,
fera toujours conduit devant l'officier de police qui
aura délivré le mandat d'amener, à quelque diftance
du lieu qu'il ait été faifie ar ces indices font fuffifans
pour que l'intérêt de la fûreté publique l'emporte fur
le defir d'épargner à un homme fi fufpect les inconvéniens d'un déplacement confidérable.

Si le prévenu ne comparoît pas, quatre jours après
la délivrance du mandat d'amener, devant l'officier
de police, foit celui du lieu du délit, foit celui du
domicile habituel ou de la réfidence paffagère de l'accufé, cet officier fera tenu d'agir comme au cas pré-
cédent ; c'eft-à-dire, d'envoyer copie de la plainte,
& la note de la déclaration des témoins au greffe du
tribunal de diftrict pour être procédé par le juré d'accufation ainfi qu'on le verra dans la fuite de cette inftruction. Lorfque le prévenu fera amené, conformément au mandat, devant l'officier de police, le devoir
de celui-ci eft de l'examiner fans délai & au plus tard
dans les 24 heures.

Si le prévenu détruit les inculpations qui ont décidé

le juge à le faire amener devant lui, & s'il se justifie pleinement, l'officier de police ne doit pas hésiter
à le renvoyer en liberté.

S'il ne détruit pas les inculpations, & si elles demeu-
rent vraisemblables, alors ou le délit par sa nature
peut conduire à une condamnation à peine afflictive,
ou il ne peut pas donner lieu à une semblable peine.

Au premier cas l'officier de police délivrera un
ordre pour faire conduire le prévenu à la maison
d'arrêt du district du lieu du délit. La désignation de
cette maison d'arrêt est essentielle à observer, encore
que le prévenu ait été amené devant un juge de paix
autre que celui dans le canton duquel le délit a été
commis, tel que le juge de paix de son domicile.

Cet ordre de conduire un prévenu dans la maison
d'arrêt du district se nomme mandat d'arrêt.

Le mandat d'arrêt doit contenir le nom & domicile du prévenu, si celui-ci l'a déclaré, ou faire mention de son refus de s'expliquer à ce sujet. Il doit
contenir aussi le sujet d'arrestation, & être signé &
scellé de l'officier de police.

Aucun gardien de maison d'arrêt ne pourray recevoir un citoyen, qu'en vertu d'un mandat revêtu des
formes ci dessus énoncées. Toute détention qui ne
sera pas ainsi motivée sera considérée comme détention arbitraire, & le gardien en répondra en son propre & privé nom.

Si le délit n'est pas de nature à donner lieu à une
peine afflictive, mais seulement à une peine infamante,
le prévenu pourra néanmoins être envoyé à la maison
d'arrêt : mais il pourra aussi en être dispensé au cas
qu'il puisse trouver des amis qui veuillent répondre
pour lui, qu'il se représentera à la justice s'il en est
requis, & donner caution de cette promesse.

La somme de cette caution ne peut être fixée d'une
manière invariable : elle doit être laissée à l'arbitrage
de l'officier de police. Le principe qui doit le diriger
est qu'un tel cautionnement ne doit pas être illusoire
& de simple forme, ni tendre à soustraire les accusés à la
justice; mais au contraire qu'il doit être d'une assez grande
importance pour n'être jamais donné que par des personnes bien convaincues que le prévenu est incapable
de rompre son engagement ; car c'est un contrat sacré
que celui qui se forme par le cautionnement entre le
prévenu qui évite ainsi le malheur de la détention, &
les amis qui lui donnent, en le cautionnant, la plus
haute preuve de leur confiance & de leur estime.

Les réponses du prévenu amené à l'examen de l'officier de police, doivent être rédigées en un procès-verbal tenu par cet officier, & signé de lui & du prévenu. Il est précieux de suivre les traces de la vérité dans ce premier instant où elle se déclare sans préparation & sans détour. Elle doit être jointe aux déclarations des témoins & aux procès-verbaux du corps du délit. Leur réunion forme le corps de l'instruction de police, & complète les devoirs confiés à l'officier qui exerce ce pouvoir préjudiciaire.

Lorsqu'il a été pourvu par la police aux premiers besoins de sûreté que la société réclame, la marche de la justice doit commencer. Alors le règne des présomptions & des suspicions doit faire place à celui de la certitude & de la conviction ; & si la police a dû consulter avant tout la sûreté publique, la justice doit placer avant toute autre considération le respect & les précautions qui sont dûes à l'innocence en péril.

DE LA JUSTICE.

La justice criminelle ne sera plus désormais confiée, comme elle l'avoit été jusqu'à présent, aux mêmes tribunaux qui jugeront les procès civils. Un tribunal particulier créé dans chaque département, sera chargé d'appliquer la loi, & de prononcer les peines prescrites contre ceux que les jurés auront déclarés convaincus du crime dont ils étoient accusés ; mais l'accusé sortant des mains de la police ne sera point traduit directement à ce tribunal.

Il subira une épreuve intermédiaire au tribunal du district ; c'est-là que commencent les premières fonctions des jurés, & que doit se décider suivant les formes indiquées, la question préliminaire de savoir s'il y a lieu, ou non, à l'accusation contre le prévenu ; dans le premier cas seulement, il est envoyé au tribunal criminel, où il trouve d'autres jurés, & des juges qui prononcent sur l'accusation ; dans le second cas, il est remis en liberté. Ainsi la loi a distingué deux sortes de jurés, le juré d'accusation & le juré de jugement.

Le juré d'accusation peut avoir lieu, soit à l'égard d'un prévenu présent, soit à l'égard d'un prévenu absent.

Le prévenu est présent, quand, après avoir été conduit devant l'officier de police, en vertu du mandat d'amener, celui-ci l'a, par un autre mandat, envoyé dans la maison d'arrêt, ou l'a reçu à caution.

Le prévenu eſt abſent, quand le mandat d'amener délivré contre lui, n'a pas pu être mis à exécution, ou quand le porteur du mandat a trouvé le prévenu au-delà de la diſtance de dix lieues, ainſi qu'il a été dit en parlant du mandat d'amener au chapitre de la police.

L'officier de police, chargé de l'exécution d'un mandat d'arrêt, conduit le prévenu en la maiſon d'arrêt du tribunal de diſtrict dans le reſſort duquel demeure l'officier de police; il remet le prévenu au gardien de la maiſon d'arrêt, qui lui en donne une reconnoiſſance; il porte enſuite au greffier du tribunal les pièces relatives au délit & à l'arreſtation, & en prend également une reconnoiſſance; il fait voir les deux reconnoiſſances dans le jour même, au directeur du juré, qui met ſur l'une & ſur l'autre ſon vu qu'il date & ſigne. Le directeur du juré doit tenir note ſur un regiſtre de ces *viſa*, afin de ne pas oublier d'agir dans le délai preſcrit par la loi.

Si le porteur du mandat d'arrêt néglige de prendre le viſa dans le jour, il eſt répréhenſible, parce qu'en contrevenant à la loi, il a prolongé la détention du prévenu.

Le prévenu ainſi remis entre les mains de la juſtice, la loi a pourvu à ce que ſa condition ne fût point aggravée dans le lieu même de ſa détention. Elle veut qu'il y ait auprès de chaque tribunal de diſtrict, une maiſon d'arrêt, pour y retenir ceux qui y ſeront envoyés par un mandat d'officier de police, & auprès de chaque tribunal criminel, une maiſon de juſtice pour détenir ceux contre leſquels il ſera intervenu une ordonnance de priſe de corps.

Il faut bien ſe garder de confondre ces maiſons d'arrêt & de juſtice avec les priſons établies pour lieu de peine. La recluſion dans les priſons eſt la peine même, ou la correction infligée par la loi; celui qui s'y trouve détenu, eſt un homme déja jugé; il ſubit là l'exécution de ſon jugement : mais le citoyen prévenu ou accuſé d'un délit, n'eſt point encore jugé, quand il eſt détenu dans les maiſons d'arrêt ou de juſtice; il n'y eſt détenu qu'en attendant ſon jugement, & parce que l'intérêt public a exigé qu'on s'aſſurât de ſa perſonne; ſa détention n'eſt donc point une peine, & de même qu'un homme condamné, ne pourroit être mis dans la maiſon d'arrêt, de même il eſt défendu de mettre dans les priſons un homme arrêté, fût-il même décrété.

Les maiſons d'arrêt & de juſtice, & les priſons

doivent être sûres ; mais il n'eſt pas moins néceſſaire
qu'elles ſoient propres & bien aérées, de manière que la
ſanté des perſonnes détenues ne puiſſe être aucunement
altérée par le ſéjour qu'elles ſont forcées d'y faire.

Les procureurs généraux ſyndics des départemens
ſont chargés, ſous l'autorité des directoires, de veiller
à ce que les municipalités ne négligent aucunes de
ces précautions.

Un des officiers municipaux eſt obligé de faire, au
moins deux fois la ſemaine, la viſite de ces maiſons
& priſons, dont la police appartient aux municipalités ;
il doit porter ſon attention principalement ſur la nour-
riture des détenus, veiller à ce qu'elle ſoit ſuffiſante
& ſaine ; & s'il apperçoit quelque tort, ou ſi quelques
faits contraires à la juſtice & à l'humanité lui ſont
dénoncés, il les vérifiera & pourvoira lui-même à une
prompte & ſuffiſante réparation, ou en référera à la
municipalité, qui pourra condamner le geolier en une
amende : elle pourra même, non le deſtituer de ſon
autorité privée, mais demander ſa deſtitution au directoire du département qui prononcera ſur cette demande ; ſi le geolier s'étoit rendu coupable d'ailleurs de
quelque fait grave, il pourroit en outre être pourſuivi
criminellement.

L'officier municipal, chargé de la viſite des priſons,
doit également veiller à ce que le bon ordre & la
tranquillité règnent dans ces maiſons.

Mais cette ſurveillance ne doit pas être celle d'un
inſpecteur ſévère toujours prêt à punir ; l'autorité tem-
pérée par des manières douces & humaines, agira bien
plus efficacement ſur des hommes déja aſſez malheu-
reux par la privation de leur liberté ; des rigueurs inutiles, une ſévérité déplacée, non-ſeulement ſeroient
contraires à l'intention de la loi ; mais rendroient coupable l'officier qui abuſeroit de la miſſion qui lui eſt
confiée. Il ne doit jamais perdre de vue que ces individus, dont la ſociété a cru devoir s'aſſurer par la détention de leurs perſonnes, n'en ſont pas moins ſous
la protection de la loi, qu'elle prend même un ſoin plus
particulier de leur conſervation, & pourvoit d'autant
plus ſoigneuſement à leurs beſoins, qu'ils ſe trouvent
privés des ſecours ordinaires, qu'ils recevoient de leurs
familles, de leurs amis : l'officier municipal ne doit
donc paroître aux yeux des détenus, que comme un
conſolateur toujours diſpoſé à entendre leurs plaintes,
à ſatisfaire à leurs beſoins, à arranger leurs querelles,
s'il s'en élevoit parmi eux, enfin à leur procurer tous

les moyens poffibles & convenables d'adoucir le dé-
fagrément de leur détention.

Tous ces devoirs, tous ces ménagemens que recommande l'humanité, peuvent très-bien s'allier avec une
conduite ferme & rigoureufe , quand la néceffité
l'exige.

Par exemple, fi quelque détenu ufoit de menaces,
injures, violences, foit à l'égard du gardien, ou geolier,
foit à l'égard des autres détenus, l'officier municipal
pourroit ordonner qu'il feroit refferré plus étroitement,
renfermé feul, & même mis aux fers en cas de fureur
ou de violence grave, fans préjudice de la pourfuite
criminelle, s'il y a lieu.

Si quelque accufé s'évade des maifons d'arrêts & de
juftice, il fera regardé comme contumace, & on pro-
cédera contre lui ainfi qu'il fera dit à ce fujet pour
les contumaces.

La municipalité, comme on vient de le dire, ne
peut deftituer de fon propre mouvement le gardien
ou geolier, parce qu'il n'eft point à fa nomination;
elle préfente feulement les fujets au directoire du département qui les nomme, & ces fujets doivent être
de mœurs irréprochables; ils doivent en outre favoir
lire & écrire. La loi les oblige, avant de pouvoir exercer aucune fonction, de prêter ferment de veiller à la
garde de ceux qui leur feront remis, & de les traiter
avec douceur & humanité; ce ferment fera prêté pardevant le tribunal du diftrict de la fituation defdites
maifons.

Ces gardiens ou geoliers feront tenus d'avoir un
regiftre, figné & paraphé à toutes les pages par le préfident du tribunal du diftrict.

Tout porteur de mandats d'arrêts, d'ordonnances
de prife de corps, ou de jugemens de condamnations, fera tenu de les faire infcrire fur ce regiftre en
fa préfence, avant de remettre la perfonne qu'il con-
duira auxdites maifons ou prifons; on écrira à la fuite
de cette infcription l'acte qui conftate la remife du
particulier détenu, & le tout doit être figné, tant par
l'exécuteur des mandats, ordonnances & jugemens,
que par le geolier ou gardien, qui lui en donnera
copie fignée de lui, pour la décharge dudit porteur.

On doit remettre également copie du mandat
d'arrêt, tant à la municipalité du lieu de la fituation
de la maifon d'arrêt, qu'à celle du domicile du prévenu s'il eft connu : le directeur du juré eft chargé
de cet envoi, & la municipalité du lieu du domicile

du prévenu, doit donner avis à ses parens, voisins ou amis, de sa détention.

Enfin le regiftre du geolier eft encore deftiné à conf-tater la fortie du détenu ; le gardien ou geolier eft tenu d'en faire mention.

En marge de l'acte de remife dont il vient d'être parlé, tant de la date de la fortie que de l'ordonnance ou jugement en vertu defquels le détenu a été mis en liberté, & dont il énonce par extrait la difpofition relative à la rélaxation : lorfque ces ordonnances lui font notifiées par un huiffier, celui-ci, outre la copie laiffée au geolier, doit encore lui exhiber l'original dont il eft porteur; le geolier fait mention defdits actes, figne cette mention & requiert l'huiffier, & même la perfonne relâchée, de figner avec lui, finon relate qu'ils n'ont voulu figner.

Ces regiftres, à mefure qu'ils font clos, doivent être remis par le geolier au greffe du Tribunal, en préfence du préfident ; le greffier lui en donne une re-connoiffance vifée par le préfident ; ainfi il refte des témoignages perpétuels de toutes les détentions qui ont eu lieu dans les maifons indiquées par la loi ; ces regiftres font des dépôts où chacun peut puifer les renfeignemens dont il a befoin ; on ne peut en re-fufer la communication à qui que ce foit.

Le but de toutes ces précautions eft de prévenir les détentions arbitraires ; & ce n'eft pas feulement en menaçant les dépofitaires du pouvoir, que la loi a voulu rendre difficile & prefqu'impoffible toute atteinte illé-gale contre la liberté individuelle ; elle a cherché à arrêter le mal dès fa fource, en défendant expreffé-ment à tout gardien ou geolier de recevoir ou rete-nir qui que ce foit, fi ce n'eft en vertu de mandats d'arrêts, ordonnances de prife de corps, ou juge-mens de condamnations fous peine d'être pourfuivi comme coupable du crime de détention arbitraire.

L'officier municipal, faifant fa vifite, qui découvre qu'un homme eft détenu fans que fa détention foit juftifiée par un mandat d'arrêt, ordonnance de prife de corps ou jugement de condamnation, doit fur-le-champ en dreffer procès-verbal, & faire conduire le détenu à la municipalité, qui, après avoir de nou-veau conftaté le fait, le mettra définitivement en li-berté, & dans ce cas fera pourfuivre la punition du gardien ou geolier, en le faifant dénoncer par le pro-cureur de la commune à l'officier de police.

Cet officier municipal ne doit donc pas manquer,

lors de fes vifites, d'examiner ceux qui font détenus, & les caufes de leur détention; il peut dans tous les cas requérir le gardien ou geolier de lui repréfenter la perfonne d'un accufé, & le gardien ou geolier ne peut refufer d'obéir à cette réquifition, fans qu'aucun ordre ni prétexte quelconque puiffe l'en difpenfer, fous pareille peine d'être pourfuivi comme coupable du crime de détention arbitraire.

Les parens voifins ou amis de la perfonne arrêtée peuvent même, en prenant un ordre de l'officier municipal qui ne pourra le refufer, obliger le gardien ou geolier de leur repréfenter ladite perfonne, & celui-ci ne peut s'en difpenfer fous peine d'être pourfuivi comme ci deffus, à moins qu'il n'ait un ordre exprès du juge infcrit fur fon regiftre, de tenir le détenu au fecret, & dans ce cas il doit & ne peut refufer de juftifier de cet ordre fous les mêmes peines.

Ce refpect fcrupuleux pour la liberté individuelle, eft un des premiers devoirs de la légiflation chez un peuple libre. Ce n'eft point affez que les grandes maffes de la conftitution affurent la liberté politique, il faut que tous les détails des inftitutions fecondaires protègent la liberté individuelle. Tout citoyen qui ne trouble pas l'ordre public peut vivre tranquillement à l'abri de la loi, qui veille à ce qu'il ne foit porté aucune atteinte à la fûreté de fa perfonne; elle regarde comme coupable du crime de détention arbitraire, & punit rigoureufement, tout homme, quelle que foit fa place ou fon emploi, qui n'ayant pas été invefti du droit d'arreftation, donneroit, figneroit, ou exécuteroit l'ordre d'arrêter un citoyen, ou qui l'arrêteroit effectivement, fi ce n'eft pour le remettre fur-le-champ à la police, dans les cas déterminés par les décrets.

La même peine eft également prononcée contre ceux qui, dans le cas même où la détention d'un homme eft autorifée par la loi, le conduiroient ailleurs que dans les lieux légalement & publiquement défignés par l'adminiftration du département pour fervir de maifon d'arrêt, de juftice ou de prifon; & celui qui prêteroit fa maifon pour cette détention illégale feroit réputé coupable du même crime, & puni des peines qui feront indiquées dans le code pénal décrété par l'Affemblée.

La loi permet, à toute perfonne qui auroit connoiffance d'une détention de cette efpèce, d'en donner avis à l'un des officiers municipaux ou au juge de

paix du canton, & même d'en faire au greffe une déclaration fignée.

Ces officiers avertis par cette dénonciation, & dans
le cas même où ils auroient été inftruits par toute
autre voie, doivent, fous peine d'être refponfables de
leur négligence, fe tranfporter auffitôt au lieu de la
détention illégale; nul n'a le droit de leur refufer l'ouverture de fa maifon pour cette recherche; ils peuvent
même, en cas de réfiftance, fe faire affifter de la force
néceffaire, & tout citoyen eft tenu de leur prêter
main forte; s'ils trouvent la perfonne illégalement
détenue, ils doivent la remettre en liberté.

Il ne peut donc exifter d'autre lieu de détention
que les maifons d'arrêt & de juftice, & les prifons;
& de tous ceux qui y font détenus, aucun ne doit
s'y trouver fans une caufe dont la loi puiffe à tout
inftant demander compte; il ne fera plus queftion,
dans cette inftruction, que des perfonnes détenues
dans les maifons d'arrêts & de juftice.

Celles-là y attendent, ou la déclaration des premiers jurés fur la queftion de favoir s'il y a lieu ou
non à accufation, ou le jugement qui doit prononcer
fur l'accufation admife.

Dans ces deux cas, le fort du prévenu ou de l'accufé dépend de la décifion des jurés; ceux-ci font des
citoyens appelés à l'occafion d'un délit pour examiner le
fait allégué contre le prévenu ou l'accufé, & décider,
d'après leurs connoiffances perfonnelles & les preuves
qui leur font fournies, fi le délit exifte & quel eft le
coupable.

Les jurés ne font donc point des fonctionnaires
publics qui exercent la profeffion particulière de
juger dans les matières criminelles, ils ne font point
connus d'avance de ceux qui feront foumis à
leur jugement. Aucun caractère public, aucunes
marques extérieures ne les défignent au peuple comme
ceux qui doivent être fes juges dans telle & telle circonftance; ils ne s'élèvent point au-deffus de la claffe
des fimples citoyens : fi l'exercice inftantané des fonctions de jurés leur donne un pouvoir que la loi au-
torife & que tous doivent refpecter, leur miffion finie,
ils fe confondent dans le fein de la fociété, & ne
confervent aucun figne de cette juridiction du moment.

La loi n'a pas voulu cependant confier à tous in-
diftinctement l'importante fonction de décider de l'honneur ou de la vie de leurs femblables; elle a circonf-
crit le choix des jurés dans la claffe des citoyens qui

font capables des fonctions d'électeurs.

Outre les motifs qui précédemment avoient dicté les conditions de l'éligibilité, l'Assemblée nationale a considéré les inconvéniens de la perte de temps que pourroit occasionner aux citoyens le service public du juré; elle seroit trop onéreuse à ceux qui ne vivent que du produit de leur travail.

La loi n'a pas laissé entièrement libre l'acceptation ou le refus des fonctions de jurés.

Elle compte sans doute sur la bonne volonté des citoyens & les progrès de l'esprit public; mais autant il pourroit résulter d'inconvéniens de l'admission indéfinie & sans aucun choix de tous ceux qui se présenteroient pour être jurés, autant il seroit dangereux d'être exposé à manquer de jurés dans le moment où leur ministère est nécessaire; tous les citoyens éligibles, qui n'auroient pas d'excuse valable, ne peuvent donc se dispenser de payer à la société ce tribut civique, sans encourir les peines déterminées par la loi.

On a vu qu'il y avoit des jurés de deux sortes: mais cette manière de s'exprimer ne signifie pas qu'il y ait des distinctions personnelles entre un juré & un autre juré : tous sont égaux, car tous sont citoyens, & la même aptitude est requise pour les deux espèces de jurés; la différence n'existe donc que dans l'objet de leur mission; les uns doivent décider s'il y a lieu à accusation, les autres, si l'accusation est fondée; de-là, la distinction de juré d'accusation & de juré de jugement.

Leur formation est soumise à des règles différentes, indiquées par la loi; voici la manière de former le juré d'accusation.

Tous les trois mois le procureur-syndic de chaque district dresse une liste de trente citoyens, pris parmi tous les citoyens éligibles du district.

Le directoire du district examine cette liste & l'arrête s'il l'approuve; un exemplaire en est envoyé à chacun des citoyens qui la composent.

Ces trente citoyens ne peuvent faire aucunes fonctions que quand ils sont appelés.

Le tribunal du district doit indiquer un jour dans la semaine auquel s'assemblera le juré d'accusation.

Huitaine avant le jour de l'assemblée, le directeur du juré, dont il sera ci-après parlé, fait mettre dans un vase les noms des trente citoyens inscrits sur la liste; & au milieu de l'auditoire, en présence du public &

du commiffaire du roi, il fait tirer les noms de huit citoyens; ce font ces huit citoyens qui forment le tableau du juré d'accufation.

Lorfqu'il y a lieu d'affembler ce juré, le directeur du juré avertit quatre jours d'avance les huit membres choifis par le fort, de fe rendre au jour fixé; & fi quelqu'un d'eux ne s'y trouve pas, le tribunal, fur la réquifition du commiffaire du roi, rend un jugement qui déclare le juré abfent privé du droit d'éligibilité & de fuffrage pendant deux ans, & le condamne en outre à 30 livres d'amende.

Si l'un ou l'autre des trente citoyens infcrits fur la lifte prévoyoit quelque obftacle qui dût l'empêcher de fe rendre au jour fixé pour l'affemblée du juré d'accufation, dans le cas où le fort le placeroit au nombre des huit citoyens du tableau, il doit prévenir le directeur du juré deux jours au moins avant celui de la formation dudit tableau, afin de donner le temps d'examiner la validité de l'excufe; dans ce cas, le directeur du juré donne connoiffance de l'excufe au tribunal qui doit, dans les vingt-quatre heures, ou l'admettre ou la rejeter.

Si elle eft jugée fuffifante, le directeur du juré, fans qu'il foit befoin d'en inftruire le citoyen qui l'a préfentée, fait retirer pour cette fois fon nom du nombre des trente qui doivent être tirés au fort.

Si au contraire l'excufe n'eft pas jugée valable, le nom de celui qui l'a préfentée refte au nombre de ceux qui font tirés au fort; & fi le fort le place parmi les huit, le directeur du juré lui fait déclarer, par une fignification d'huiffier, que fon excufe a été jugée non valable; que le fort l'a placé fur le tableau des jurés; qu'en conféquence il ait à fe rendre au jour fixé pour l'affemblée du juré d'accufation. On laiffera également copie de cette fignification à l'un des officiers municipaux du lieu de fon domicile.

Le juré qui ne fatisferoit pas à cette fommation feroit condamné aux mêmes peines & amendes que ci-deffus; fi cependant il étoit retenu pour caufe de maladie, il feroit difpenfé de fe rendre à l'affemblée; mais dans ce cas, il faudroit qu'il juftifiât de l'empêchement qui l'a retenu.

L'Affemblée nationale n'a pas cru devoir détailler les divers genres d'empêchemens qui pourroient fervir d'excufe aux citoyens pour fe difpenfer des fonctions de jurés, elle a laiffé la détermination de ces cas à la prudence des juges; mais fon intention eft que les

juges

juges n'admettent ces fortes d'excufes que très-diffi-
cilement, & dans le cas feulement où il y auroit, de
la part du citoyen, impoffibilité abfolue de fe rendre
à fon devoir de juré.

Mais, foit qu'un ou plufieurs jurés ne fe trouvent
pas au jour de l'affemblée, par quelque motif que
ce foit, l'affemblée doit toujours avoir lieu ; le directeur pourvoit alors au remplacement en prenant au
fort, dans la lifte des trente, un des citoyens de la
ville ; & fi la lifte ne fuffifoit pas, on pourroit choifir
également au fort parmi les autres citoyens éligibles.

C'eft le directeur du juré qui met en mouvement
le juré d'accufation.

Chaque tribunal de diftrict doit défigner un de fes
membres, le préfident excepté, pour remplir cette
fonction dans les matières criminelles ; il l'exercera
pendant fix mois, au bout defquels il en fera choifi
un autre à tour de rôle : en cas d'abfence ou d'empêchement, le directeur du juré fera remplacé par celui
qui le fuit dans l'ordre du tableau.

Le premier devoir du directeur du juré, quand il a
délivré *fon vifa* au porteur du mandat d'arrêt qui a
conduit le prévenu en la maifon d'arrêt, eft d'entendre auffitôt, ou, au plus tard, dans les *vingt-quatre*
heures, le prévenu, & d'examiner les pièces qui lui
ont été remifes, pour vérifier fi l'inculpation eft de
nature à être préfentée au juré, c'eft-à-dire fi le délit
dont on fe plaint emporte peine afflictive ou infamante ; car ce n'eft que dans ces cas que le miniftère
des jurés fera néceffaire.

Cette audition du prévenu & cette vérification
doivent fe faire dans l'auditoire ; le directeur du juré,
averti par les deux reconnoiffances qu'il a vifées de
la remife du prévenu, ordonne au gardien de la
maifon d'arrêt de faire paroître le prévenu devant
lui.

Comme la formalité de l'audition du prévenu dans
les vingt-quatre heures, eft de rigueur, & comme
il eft intéreffant de connoître fi elle a été remplie, le
directeur du juré doit en dreffer procès-verbal, qui
contiendra les déclarations & réponfes du prévenu,
fans qu'il foit befoin d'obferver les anciennes formules
des interrogatoires, ni de prendre le ferment du prévenu qu'il va dire vérité ; le fimple bon fens fuffit
pour convaincre de l'inutilité & de l'immoralité d'un
tel ferment qui place le prévenu entre le parjure, &
l'aveu d'un délit qui l'expofe à des peines.

Il répugne également à la raison de faire au prévenu cette queſtion inſignifiante, s'il entend prendre droit par les charges ; en un mot le directeur du juré ne doit jamais oublier que cette audition n'eſt qu'une facilité accordée à un individu arrêté, d'expliquer les preuves de ſon innocence & les raiſons qu'il voudra alléguer pour ſa juſtification ; le directeur du juré ne doit ſe permettre aucune queſtion captieuſe, il doit entendre la déclaration libre du prévenu.

Le directeur du juré n'eſt pas le maître de décider ſeul que l'accuſation ne doit pas être préſentée au juré, un pareil droit ſeroit trop dangereux dans la main d'un ſeul homme, que l'on corrompt plus facilement qu'un tribunal entier ; il doit donc en référer au tribunal : mais il eſt une diſtinction de circonſtances à obſerver ; ou il n'y a point de pertie plaignante ni dénonciatrice, ou il y en a une.

S'il n'y a point de partie plaignante, que l'accuſé ſoit préſent ou non, lorſque le directeur du juré trouve, par la nature du délit, que l'accuſation ne doit pas être préſentée au juré, il doit, dans les vingt-quatre heures à compter du moment où il a vérifié les pièces, aſſembler le tribunal, qui prononcera ſur cette queſtion d'après l'examen deſdites pièces, & après avoir entendu le commiſſaire du roi.

Dans ce cas la déciſion du tribunal ſe donne à huis-clos, ſur le rapport du directeur du juré, & on l'inſcrit ſur un regiſtre différent du regiſtre des audiences, lequel ſervira à inſcrire tout ce qui eſt relatif à la procédure qui ſe fera devant le tribunal du diſtrict & le juré d'accuſation.

La convocation des membres du tribunal doit ſe faire par le miniſtère de l'un des huiſſiers audienciers du tribunal, ſoit que le directeur du juré ne donne qu'un avertiſſement verbal, ou qu'il prévienne les juges par écrit.

Dans le même cas où il n'y a point de partie plaignante, ſi le directeur du juré trouve que l'accuſation doit être préſentée au juré, ou ſi le tribunal l'a décidé ainſi contre l'avis du directeur du juré, il dreſſera l'acte d'accuſation.

S'il y a une partie plaignante ou dénonciatrice, le directeur doit attendre deux jours révolus depuis la remiſe du prévenu en la maiſon d'arrêt ou des pièces au greffe du tribunal ; dans cet intervalle, il ne peut faire autre choſe qu'entendre l'accuſé.

Ce délai expiré, ou la partie se présente, ou elle ne se présente pas.

Si elle ne se présente pas, le directeur du juré, sans qu'il soit besoin de constater la non comparution de la partie, agit comme il eût dû le faire dans le cas où il n'y auroit pas de partie plaignante.

Si la partie ou son fondé de procuration spéciale se présente au directeur du juré dans ledit délai, cet officier, de concert avec elle, dresse l'acte d'accusation.

L'acte d'accusation n'est autre chose qu'un mémoire précis mais circonstancié, dans lequel on expose que tel jour, à telle heure & en tel endroit, il a été commis un délit de telle & telle nature, que telle personne est l'auteur de ce délit ou soupçonnée de l'avoir commis : cet acte doit contenir tous les détails, toutes les circonstances qui ont précédé, accompagné & suivi le délit ; en un mot présenter dans toute leur étendue les faits qui ont rapport au délit, de sorte que le lieu, le jour, l'heure, les personnes, & le délit soient désignés le plus clairement possible. L'acte d'accusation n'est sujet d'ailleurs à aucune autre forme.

Il ne faut pas oublier d'y joindre le procès-verbal qui constate le corps du délit, s'il en a été dressé un pour être conjointement présenté au juré. La loi recommande cette formalité à peine de nullité.

Il peut arriver que le directeur du juré & la partie ne soient pas d'accord sur les faits & sur la nature de l'accusation ; chacun d'eux peut alors faire une rédaction séparée.

L'opinion du directeur du juré, qui penseroit que le délit n'est pas de nature à être présenté au juré, n'empêcheroit pas même la partie de dresser son acte d'accusation.

Cet acte ainsi rédigé doit être avant tout communiqué, ainsi que toutes les pièces & actes ultérieurs de procédure, au commissaire du roi qui l'examine ; s'il trouve que le délit est de nature à mériter peine afflictive ou infamante, il écrit au bas de l'acte d'accusation ces mots : *la loi autorise*, & il signe. Dans le cas contraire, il exprime son opposition par ceux-ci, *la loi défend*. Cette opposition du commissaire du roi arrêteroit la présentation de l'acte d'accusation aux jurés, si d'ailleurs le directeur du juré avoit été du même avis que le commissaire du roi, car dans ce cas la partie seroit seule juge de la nature du délit ; mais la loi permet alors de faire juger la question par le tribunal, auquel la partie, le com-

miffaire du roi , ou le directeur du juré en référera ,
& le tribunal est obligé de la juger dans les *vingt-*
quatre heures. Ou il prononce que le délit est ou n'est
pas de nature à mériter peine afflictive ou infamante ;
s'il décide l'affirmative , l'acte d'accusation est préfenté
aux jurés en la forme qui fuit : fi au contraire il déclare que le délit n'est pas de nature à mériter peine
afflictive , infamante , l'acte d'accusation est comme
non avenu , & le même jugement prononce la rélaxation du prévenu , fauf aux parties intéreffées à fe pourvoir à fin civile , ainfi qu'elles aviferont. Dans tous
les cas , s'il réfulte un acte d'accusation , il doit être
préfenté au juré , & c'est à cette époque feulement que
leur miniftère devient néceffaire.

Le directeur du juré fait avertir les huit citoyens
qui forment le tableau du juré d'accufation , & quand
ils font raffemblés dans le lieu & au jour indiqué, il
leur fait d'abord prêter, en préfence du commiffaire
du roi , le ferment en ces termes.

" Citoyens , vous jurez & promettez d'examiner
,, avec attention les témoins & les pièces qui vous
,, feront préfentées ; & d'en garder le fecret » (deux
motifs principaux rendent ici le fecret néceffaire, &
ces motifs ne contraftent point avec la publicité de
la procédure , publicité qui doit être la fauvegarde
des accufés, car nous ne fommes point encore arrivés à
la partie de la procédure qui doit faire juger fi l'accufé
est coupable ou non : tout fera public alors ; quant à
préfent, il ne s'agit encore que de découvrir s'il y
a lieu ou non à l'accufation , & le fecret est néceffaire pour ne point avertir les complices de prendre
la fuite , & pour ne pas avertir les parens & amis
de l'accufé du nom des témoins qu'ils auroient intérêt à écarter ou à féduire , avant qu'ils ne dépofent pardevant le juré de jugement) ; « vous vous ex-
,, pliquerez avec loyauté fur l'acte d'accufation qui
,, va vous être remis ; vous ne fuivrez ni les mou-
,, vemens de la haine & de la méchanceté , ni ceux
,, de la crainte ou de l'affection.

Les jurés doivent répondre chacun individuellement
,, je le jure ».

S'il y avoit de nouveaux témoins qui n'euffent pas
encore été entendus, le directeur du juré recevra leurs
dépofitions fecrétement , & elles feront écrites par le
greffier du tribunal , non dans la forme qui s'obfer-
voit fous l'ancien régime judiciaire, pour les informa-

tions, mais comme simples déclarations destinées
seulement à servir de renseignemens.

Ces déclarations faites, les témoins paroissent en
préfence des jurés, & y dépofent de nouveau ; mais
alors leurs dépofitions font verbales.

On remet enfuite aux jurés toutes les pièces, à l'exception des déclarations des témoins ; puis ils fe re-
tirent feuls dans la chambre qui leur eft deftinée, le
plus ancien d'âge d'entre eux les préfide & eft chargé
de recueillir leurs voix.

Ils examinent l'acte ou les actes d'accufation ; car
il peut y avoir deux actes de cette efpèce ; l'un
préfenté par le directeur du juré, l'autre par la partie
plaignante ou dénonciatrice, dans le cas où ils ne fe
feroient point accordés fur les faits & la nature du
délit.

Les jurés, qui ont à porter une décifion dans cette
circonftance, doivent bien fe pénétrer de l'objet de
leur miffion ; ils n'ont pas à juger fi le prévenu eft
coupable ou non ; mais feulement fi le délit qu'on
lui impute eft de nature à mériter l'inftruction d'une
procédure criminelle, & s'il y a déja des preuves
fuffifantes à l'appui de l'accufation ; ils appercevront
aifément le but de leurs fonctions en fe rappelant les
motifs qui ont déterminé à établir un juré d'accufation.

Ces motifs ont leur bafe dans le refpect pour la liberté individuelle. La loi, en donnant au miniftère
actif de la police le droit d'arrêter un homme prévenu
d'un délit, a borné fon pourvoir au feul fait de l'arreftation.

Mais une fimple prévention, qui fouvent a pu fuf-
fire pour qu'on s'affurât d'un homme, ne fuffit pas pour
le priver de fa liberté pendant l'inftruction du procès,
& l'expofer à fubir l'appareil d'une pourfuite criminelle.

La loi a prévenu ce dangereux inconvénient, &
à l'inftant même où un homme eft arrêté par la police, il trouve des moyens faciles & prompts de re-
couvrer fa liberté, s'il ne l'a perdue que par l'effet
d'une erreur ou de foupçons mal fondés, ou fi fon
arreftation n'eft que le fruit de l'intrigue, de la violence, ou d'un abus d'autorité ; il faut alors qu'on
articule contre lui un délit grave. Ce ne font plus de
fimples foupçons, une fimple prévention, mais de
fortes préfomptions, mais un commencement de
preuves déterminantes, qui doivent provoquer la décifion des jurés pour l'admiffion de l'acte d'accufation.

Ce n'eſt qu'après avoir ſubi cette première épreuve, ce n'eſt que ſur l'accuſation reçue par un juré de huit citoyens, que le détenu peut être pourſuivi criminellement, & jugé.

Les jurés d'accuſation ne peuvent décider qu'au nombre de huit, & les trois quarts des voix ſont néceſſaires pour déterminer qu'il y a lieu à accuſation. S'ils ſont d'avis que l'accuſation doive être admiſe, ils exprimeront leur opinion en écrivant au bas de l'acte d'accuſation par cette formule affirmative : *la déclaration du juré eſt : oui, il y a lieu.* Si au contraire ils trouvent que l'accuſation ne doive pas être admiſe, ils mettront également au bas de l'acte cette formule négative : *la déclaration du juré eſt : non, il n'y a pas lieu.*

Dans le cas où il y auroit deux actes d'accuſation, comme on l'a dit plus haut, ils doivent les examiner l'un & l'autre, & mettre au bas des deux actes les formules affirmatives ou négatives ſelon leur opinion : s'ils n'admettent aucune des deux accuſations, ils écrivent la formule négative ſur les deux actes, & le chef ou préſident des jurés ſigne ces déclarations.

Il peut arriver auſſi que d'après l'examen de l'acte ou des actes d'accuſation, les jurés trouvent qu'il y ait lieu à une accuſation différente de celle portée auxdites actes. Ce n'eſt point aux jurés à indiquer l'eſpèce de l'accuſation qu'ils penſent devoir être ſubſtituée à celle qu'on leur a préſentée ; ils doivent ſe contenter d'écrire au bas de l'acte cette formule : *la déclaration du juré eſt : il n'y a pas lieu à la préſente accuſation.*

Dans ce cas le directeur du juré doit dreſſer un nouvel acte d'accuſation en obſervant les mêmes formes ci-deſſus preſcrites, & il fera auparavant entendre devant lui les témoins.

Lorſque les jurés ont décidé, leur chef remet en leur préſence leurs déclarations au directeur du juré, qui en dreſſe un acte.

Si les jurés prononcent qu'il n'y a pas lieu à l'accuſation, le directeur du juré, d'après cette déciſion, ordonne que le prévenu ſera mis en liberté, & le prévenu ne pourra plus être pourſuivi pour raiſon du même fait, à moins que, ſur de nouvelles charges, il ne ſoit préſenté un nouvel acte d'accuſation.

Tout ce qui vient d'être dit ſuppoſe la préſence du prévenu.

Si le prévenu n'étoit point détenu en la maiſon d'arrêt du lieu où ſe tient le juré d'accuſation, mais gardé

à vue, ou arrêté dans un lieu, où il auroit été trouvé
deux jours après le mandat d'amener, à une diftance
de dix lieues du domicile de l'officier de police qui
auroit délivré le mandat, le directeur du juré doit
donner avis de la décifion des jurés à cet officier de
police, afin qu'il faffe ceffer toute pourfuite, ou relâ-
cher le prévenu s'il eft arrêté.

Si les jurés décident qu'il y a lieu à l'accufation, le
directeur du juré rendra fur-le-champ une ordonnance dont les difpofitions ne font pas les mêmes dans
tous les cas.

Si le délit n'eft pas de nature à mériter peine afflictive, mais feulement infamante, & fi le prévenu a déja
été reçu à caution, l'ordonnance du directeur contiendra feulement injonction à l'accufé de comparoître à tous
les actes de la procédure, & d'élire domicile dans le lieu
du tribunal criminel, le tout, à peine d'y être contraint par corps ; cette ordonnance eft fignifiée à l'accufé, ainfi que l'acte d'accufation. Celui-ci eft tenu en
conféquence, dans le plus court délai, d'élire domicile
dans la ville où eft établi le tribunal criminel, & il
doit faire notifier fon élection de domicile au commiffaire du roi près le tribunal criminel ; s'il ne fait pas
élection de domicile & ne fe préfente pas aux actes de
procédure où fa préfence fera néceffaire, où fi ayant
fait élection de domicile, il ne comparoît pas lorfqu'il
fera averti, le tribunal criminel, après avoir entendu le
commiffaire du roi, ordonne que faute par lui d'avoir
fatisfait à l'ordonnance du..... il fera pris au corps,
& conduit en la maifon de juftice.

Si, dans le cas où il n'écheoit que peine infamante,
le prévenu n'a pas déja été reçu à caution, le directeur du juré rend une ordonnance portant, que l'accufé
fera pris au corps & conduit directement en la maifon
de juftice du tribunal criminel, fauf à lui à demander
à ce tribunal fon élargiffement, qui lui fera accordé en
donnant caution.

Dans tout autre cas, le directeur du juré rend une
ordonnance de prife-de-corps, dont il eft obligé, fous
peine de fufpenfion de fes fonctions, de donner avis,
tant à la municipalité du lieu de la fituation de la maifon
d'arrêt du diftrict, qu'à celle du domicile du prévenu,
en la perfonne du greffier de la municipalité. Cette
ordonnance doit contenir d'une manière précife le
nom de l'accufé, fa défignation & fon fignalement,
fon domicile s'il eft connu, la copie de l'acte d'accufation, & l'ordre de conduire l'accufé directement à la

maison de justice , & le tout doit être signifié à celui-ci.

Si cet accusé est détenu dans la maison d'arrêt, on le transfère, en vertu de l'ordonnance , dans la maison de justice du tribunal criminel : cette translation de l'accusé & l'envoi du procès doivent être faits par les ordres du commissaire du roi du tribunal du district, dans les 24 heures de la signification de l'ordonnance de prise de corps.

Si l'accusé n'est pas arrêté, il peut être saisi en quelque lieu qu'il se trouve , & amené devant le tribunal criminel.

Si on ne peut le saisir, on procède contre lui, comme coutumace, ainsi qu'il sera dit ci-après.

Maintenant que la personne arrêtée n'est plus détenue sur une simple prévention , mais en vertu d'une ordonnance de prise-de-corps rendue d'après l'examen le plus réfléchi de l'acte d'accusation ; maintenant qu'il existe contre elle une accusation positive , elle va subir son jugement, & rester privée de sa liberté pendant l'instruction du procès ; à moins qu'elle ne se trouve dans un des cas où la loi lui permet d'obtenir son élargissement en fournissant une caution.

Mais ce ne seront pas les mêmes jurés qui prononceront sur son accusation ; ici la scène change entièrement pour l'accusé, le lieu de sa détention n'est plus le même ; il ne retrouve plus, ni le tribunal, ni les jurés, ni aucun individu , qui ont influé sur l'admission de l'acte d'accusation : un seul tribunal par département est établi pour juger toutes les accusations criminelles.

Les préventions personnelles, les impressions locales qui auroient pu déterminer une première décision contre l'accusé s'effacent à une certaine distance du lieu du délit ; de nouveaux jurés, d'autres juges vont statuer sur le sort de l'accusé : ainsi la loi n'a négligé aucun des moyens capables de le rassurer contre toute espèce d'influence défavorable.

Elle lui donne même le droit, s'il est domicilié dans le district où siége le tribunal criminel du département, ou si le juré d'accusation est celui du lieu où est établi ce tribunal, de demander à être jugé par l'un des tribunaux criminels des deux départemens les plus voisins.

Mais cette faculté, la loi ne la lui accorde pourtant pas dans les grandes villes dont la population est au-dessus de 40,000 ames.

Les

Les préventions locales font bien moins fensibles dans une cité nombreufe, où les habitans fe connoiffent à peine, ont des communications moins rapprochées, font diftraits par une foule d'événemens qui fe fuccèdent, ou occupés d'intérêts majeurs ou variés, qui abforbent leur attention & atténuent l'effet des paffions, toujours d'autant plus actives qu'elles font plus concentrées.

Si l'accufé fe trouve donc dans l'un des cas où il aura le droit de demander à être jugé par un tribunal voifin, le directeur du juré aura foin dans fon ordonnance de prife-de-corps, après avoir énoncé l'ordre de le conduire dans la maifon de juftice du tribunal criminel du département, de dénommer en outre les villes des deux tribunaux criminels les plus voifins entre lefquels l'accufé pourra opter; & dans les vingt-quatre heures de la fignification qui lui aura été faite de l'acte d'accufation, cet accufé, s'il eft détenu en la maifon d'arrêt, doit notifier au greffe du tribunal fon option, après lequel temps, il fera envoyé ou au tribunal direct ou à celui qu'il aura choifi: s'il y avoit plufieurs accufés qui ne s'accordaffent pas fur le choix du tribunal, le directeur du juré les feroit tirer au fort.

La faculté d'opter eft laiffée dans le même cas à l'accufé qui n'auroit pas été faifi en vertu du mandat d'amener de l'officier de police, mais qui n'a pu être arrêté qu'en vertu de l'ordonnance de prife-de-corps; alors le porteur de l'ordonnance conduit l'accufé devant le juge de paix du lieu où il aura été trouvé & faifi, à l'effet de faire devant ce juge la déclaration de l'option d'un tribunal, ou de fon refus d'opter; le juge-de-paix reçoit cette déclaration, en garde minute, & en délivre une expédition au porteur de l'ordonnance qui, en conféquence, conduit l'accufé dans la maifon de juftice du tribunal direct, ou de celui qui aura été choifi par l'accufé.

Ce même porteur remet au greffe & l'ordonnance de prife-de-corps, & la déclaration faite par l'accufé contenant option ou refus de la faire.

Le greffier lui donne reconnoiffance du tout, & communique les deux actes à l'accufateur public; l'accufateur public du tribunal d'option fait notifier ce choix par un huiffier au greffe du tribunal direct; & fur cette notification, & la réquifition que l'accufateur public en fait par l'acte même de notification, le tribunal direct doit lui faire renvoyer les pièces du procès.

Projet d'inftruct. fur la procédure criminelle. E

L'accusé remis en la maison de justice & toutes les formalités préliminaires remplies, il s'agit de commencer l'instruction de la procédure criminelle.

On a déja annoncé que le tribunal criminel établi dans chaque département étoit seul chargé de juger les affaires criminelles, d'après la décision des jurés qui forment le juré du jugement.

Ce tribunal sera établi & fixé dans la ville actuellement siége de l'administration ou du directoire de département, soit que cette administration soit sédentaire, ou qu'elle alterne avec une ou plusieurs villes, sans que le tribunal puisse jamais alterner.

Quatre juges seulement y compris le président, un accusateur public, un commissaire du roi, & un greffier composent le tribunal criminel.

Le président est nommé par les électeurs du département, pour six années, & peut être réélu.

A l'égard des juges, ils ne sont point élus directement pour être membres du tribunal criminel : le directoire du département désigne tous les trois mois, & par tour, trois juges des tribunaux de district de son ressort, qui viennent siéger pendant ce temps au tribunal criminel. L'accusateur public est également nommé par les électeurs du département ; ses fonctions dureront quatre ans seulement pour la première nomination qui en sera faite, lorsque l'institution des jurés sera mise en vigueur ; mais à l'avenir les fonctions de l'accusateur public seront de six années.

Les mêmes électeurs nommeront à vie un greffier du tribunal criminel.

Il y aura toujours un commissaire du roi de service auprès du tribunal criminel, mais qui ne sera point établi exprès pour ce tribunal seulement.

Les conditions d'éligibilité pour être nommé président & accusateur public, & pour le commissaire du roi qui exercera ses fonctions près le tribunal criminel, sont les mêmes que pour les juges & commissaires du roi des tribunaux civils de districts.

Les fonctions du président, de l'accusateur public & du commissaire du roi, sont déterminées par la loi.

Le président exerce les fonctions de juge comme les autres membres du tribunal, mais il est de plus personnellement chargé d'entendre l'accusé au moment de son arrivée, de faire tirer au sort les jurés, de les convoquer, de les diriger dans l'exercice des fonctions qui leur sont assignées par la loi, de leur exposer l'affaire, & de leur remettre sous les yeux les devoirs qu'ils ont à remplir.

On ne peut trop recommander aux électeurs, qui auront à choisir un préfident du tribunal criminel, de fe bien pénétrer de toute l'importance de cette place. Quelle probité ! quelle fagacité ! quelle expérience du cœur humain ne font pas requifes en celui que la loi inveftit d'une fi grande confiance ! il devra lui-même fe pénétrer profondément du fentiment de fes devoirs, & de la nature de l'inftitution fublime dont il eft le principal moteur. Toutes les queftions foumifes au juré font des queftions de fait très-importantes & pour l'individu accufé du fait, & pour la fociété qui en recherche l'auteur. La vérité de ces faits doit être pourfuivie avec bonne foi, avec franchife, avec loyauté, avec un vrai & fincère defir de parvenir à la connoître : rien de ce qui peut fervir à rendre palpable ne doit être négligé ; tous les moyens d'éclairciffemens propofés par les parties ou demandés par les jurés eux-mêmes, s'ils peuvent effectivement jeter un jour utile fur le fait en queftion, doivent être mis en ufage ; aucun ne doit être rejeté, que ceux qui tendroient inutilement à prolonger le débat, fans donner lieu d'efpérer plus de certitude dans les réfultats ; & comme toutes les demandes des parties ou des jurés doivent s'adreffer au préfident du tribunal criminel, il eft fenfible que le cœur le plus pur & l'efprit le plus droit font les bafes de la confiance de la loi, quand elle fe repofe fur ce préfident du foin de rendre, d'après les circonftances, une multitude de décifions fur lefquelles on ne peut lui tracer d'avance aucunes règles ; ce pouvoir difcrétionnaire eft tempéré & dirigé par la préfence du public, dont les regards doivent toujours être particulièrement appelés fur l'exercice de toutes les fonctions qui par leur nature touchent à l'arbitraire ; ils portent avec eux le meilleur préfervatif contre l'abus qu'on pourroit être tenté d'en faire.

Le devoir de l'accufateur public eft principalement de pourfuivre les délits fur les actes d'accufation admis par les premiers jurés.

Il a la furveillance fur tous les officiers de police du département ; il peut, en cas de négligence, les avertir ou les réprimander ; il doit même, en cas de faute plus grave, les déférer au tribunal criminel, & les y traduire à fa requête par voie d'action, pour y être, fuivant la nature du délit, condamnés aux peines correctionnelles déterminées par la loi.

Si un officier de police avoit prévariqué dans fes

fonctions, s'il étoit dans le cas d'être poursuivi criminellement, l'accusateur public qui en sera instruit délivrera un mandat d'amener, en vertu duquel l'officier accusé de prévarication sera appelé devant lui, l'accusateur public recevra ses éclaircissemens, entendra même les témoins ; & si le cas étoit assez grave, il remettra au directeur du juré la notice des faits, les pièces & la déclaration des témoins, pour que celui-ci dresse l'acte d'accusation, & le présente au juré d'accusation dans la forme ci-dessus indiquée.

Les fonctions de l'accusateur public, & l'autorité que la loi lui défère, annoncent assez que le seul homme qui convienne à cette place, est un homme juste & impartial ; rien ne seroit plus coupable, dans un accusateur public, qu'un caractère passionné. Cet officier stipule au nom de la société, & l'intérêt public seul doit guider toute sa conduite.

Les fonctions du commissaire sont marquées dans le détail de la procédure.

Enfin les jurés, dont le ministère est nécessaire près du tribunal criminel, sont chargés de décider si l'accusé est coupable ou non.

Le juré de jugement ne se forme pas comme le juré d'accusation, quoique composé des citoyens qui doivent réunir les mêmes conditions d'éligibilité.

Tout citoyen qui peut être électeur doit se faire inscrire au plus tard avant le 15 décembre de chaque année, comme juré de jugement, sur un registre qui est tenu à cet effet par le secrétaire - greffier de chaque district.

Les ecclésiastiques & les septuagénaires pourront se dispenser des fonctions de jurés ; elles sont déclarées incompatibles avec celles des officiers de police, des juges, des commissaires du roi, de l'accusateur public, des procureurs - généraux - syndics, des procureurs-syndics, des administrations.

Tous les citoyens qui ne pourront pas être électeurs, ne pourront également être jurés.

Ceux qui auroient négligé de se faire inscrire pendant le mois de décembre au plus tard, seront privés du droit d'être électeurs à toutes les élections qui auront lieu pendant le cours de l'année suivante.

Le défaut d'inscription n'empêcheroit pas pourtant qu'ils ne fussent pris pour jurés, dans le cas où les éligibles inscrits ne seroient pas en nombre suffisant

la loi autorifé même dans ce cas le procureur-général-
fyndic à compléter la lifte en prenant dans la claffe des
citoyens actifs.

Chaque année le procureur-fyndic du diftrict enverra dans les derniers jours de décembre, au directoire de département, une copie du regiftre de l'infcription des jurés de jugement, & en fera remettre
un exemplaire à chaque municipalité de fon arron-
diffement.

Le procureur-général-fyndic du département fera
tous les trois mois une lifte compofée de deux cents
des citoyens éligibles infcrits fur le regiftre envoyé
par les procureurs-fyndics des directoires, laquelle
lifte fera arrêtée par le directoire. Ces deux cents
citoyens formeront la lifte du juré de jugement, qui
fera imprimée & envoyée à tous ceux qui la com-
poferont.

Le procureur-général doit obferver, en formant
cette lifte, de ne pas y placer deux fois de fuite, dans
le cours de l'année, le même citoyen, à moins qu'il
n'habite la ville même du tribunal criminel, ou que
ce ne foit de fon confentement. Celui qui, pendant
les trois mois que fon nom fera fur la lifte, aura affifté
à une affemblée de juré, pourra s'excufer d'en remplir
une feconde fois les fonctions : d'un autre côté, s'il
avoit été juré d'accufation, il ne pourroit être juré
de jugement dans la même affaire; mais, outre les
quatre liftes qui feront formées de trois mois en trois
mois, on formera, le premier de chaque mois, le
tableau des jurés de jugement.

Cette miffion appartient au préfident du tribunal
criminel.

Le jour de la formation du tableau le commiffaire
du roi & deux officiers municipaux fe trouvent au
lieu deftiné à cette opération; là le préfident du tribunal criminel leur fait prêter ferment de garder le
fecret; & en leur préfence, il préfente à l'accufateur
public la lifte des deux cents jurés, qui lui a été
remife par le procureur-général-fyndic. L'accufateur
public a la faculté d'en exclure vingt des deux cents,
fans donner de motif; s'il le fait, on met les cent
quatre-vingt noms reftans dans le vafe, & on en tire
au fort douze qui forment le tableau du juré. On
joint à ces douze, trois autres jurés qui font également tirés au fort, & qui font deftinés à fervir d'adjoints, dans le cas où le tribunal feroit convaincu que

les jurés fe feroient évidemment trompés, comme il
fera ci-après expliqué.

L'accufé a également la faculté de récufer; on lui
préfente le tableau, & il peut récufer, fans donner
de motifs, céux qui le compofent; on les remplace
par le fort. Lorfque l'accufé en aura récufé vingt fans
motif, il fera obligé de déduire les caufes des récu-
fations qu'il voudroit préfenter, enfuite le tribunal
criminel en jugera la validité; cette récufation de vingt
jurés peut être faite par plufieurs coaccufés, s'ils fe
concertent enfemble pour l'exercer; & s'ils ne peuvent
s'accorder, chacun d'eux en récufera fucceffivement
un jufqu'au nombre de dix.

Les douze citoyens compofant le tableau doivent
être toujours prêts à fe rendre au jour indiqué à
l'affemblée du juré, lorfqu'ils feront convoqués par
le préfident du tribunal.

Cette affemblée fe tient le 15 de chaque mois (*di-
manche ou fête*), & la convocation doit être faite le
5 du même mois.

Si l'un des jurés prévoyoit, pour le 15 du mois,
quelque obftacle qui pût l'empêcher de fe rendre à
l'affemblée du juré, dans le cas où le fort le placeroit fur le tableau, il doit en prévenir le préfident
au moins deux jours avant le premier du mois, pendant lequel il defire être excufé.

Le préfident en réfère au tribunal criminel, qui doit
juger la valeur de l'excufe dans les vingt - quatre
heures.

Si elle eft jugée fuffifante, on retire du nombre de
ceux dont les noms doivent être mis dans le vafe, le
nom de celui qui s'eft fait excufer; dans le cas contraire, ce nom eft foumis au fort comme les autres;
& s'il eft du nombre des douze qui doivent compofer
le juré, le préfident du tribunal lui fera fignifier que
fon excufe a été jugée non valable, qu'il eft fur le
tableau du juré, & qu'il ait à fe rendre au jour fixé
pour l'affemblée du juré; il fera laiffé en outre aux
officiers municipaux du lieu de fon domicile une copie
de cette fignification.

Tout citoyen qui ne fe rendroit pas fur la fommation qui lui en fera faite, fera condamné par le
tribunal criminel en 50 livres d'amende, & privé en
outre du droit d'éligibilité & de fuffrage pendant deux
ans, à moins qu'il ne foit retenu pour caufe de maladie.

Mais, dans tous les cas, s'il manquoit un des jurés

au jour indiqué, le préfident du tribunal le fera rem-
placer par un des citoyens de la ville pris au fort dans
la lifte des deux cents, & fubfidiairement parmi les
éligibles.

L'accufé, conduit à la maifon de juftice, ne paroît
pas auffitôt devant le juré d'accufation. Il doit d'abord
être entendu dans l'auditoire par le préfident dans les
vingt-quatre heures au plus tard. Après fon arrivée &
la remife des pièces au greffe, en préfence de l'accufateur public & du commiffaire du roi, le greffier tient
note de fes réponfes, & la remet au préfident pour
fervir de renfeignement feulement.

L'accufé a le droit de choifir un ou deux amis ou
confeils pour l'aider dans fa défenfe; & s'il ne fait
pas ce choix, le préfident lui défigne un confeil : mais
il ne pourra jamais communiquer avec l'accufé que
deux jours après qu'il aura été amené dans la maifon
de juftice.

Les confeils doivent prêter ferment devant le tribunal, de n'employer que la vérité dans la défenfe de
l'accufé, & de fe comporter avec décence & modération. Auffitôt que l'accufé a été entendu, l'accufateur public doit faire fes diligences pour que l'accufé
puiffe être jugé à la première affemblée du juré qui
fuivra fon arrivée.

Si cependant l'accufé ou l'accufateur public avoient
des motifs pour que l'affaire ne fût pas portée à la première affemblée, ils devroient alors préfenter leur
requête au tribunal, à fin de prorogation du délai,
avant le 5 de chaque mois, époque de la convocation du juré ; & fi le tribunal criminel juge la demande
fondée, il accorde un délai qui ne peut être néanmoins prorogé au-delà de l'affemblée des jurés, qui
aura lieu le 15 du mois fuivant.

Si l'accufateur public & l'accufé avoient des témoins
à produire, qui n'euffent point encore été entendus,
ils doivent d'abord, & avant le jour de l'affemblée du
juré, les faire entendre devant un des juges du tribunal criminel; leurs dépofitions feront écrites comme
l'ont été celles des témoins produits devant l'officier
de police, ou devant le directeur du juré d'accufation ; & il en fera donné communication à l'accufé.

Au jour de l'affemblée, les douze jurés formant le
tableau fe rendent dans l'intérieur de l'auditoire; là
fe trouvent chacun à leur place les juges, l'accufateur public & le commiffaire du roi; l'accufé eft auffi
préfent.

Le public doit garder le silence le plus abfolu dans l'auditoire, les témoins & les défenfeurs de l'accufé font tenus de s'exprimer avec décence & modération ; fi quelque particulier, quel qu'il foit, s'écarte du refpect dû à la juftice, le préfident peut le reprendre, le condamner à une amende, & même à garder prifon jufqu'au terme de huit jours, fuivant la gravité du cas.

Lorfque les douze jurés font introduits, le préfident du tribunal criminel, en préfence du public & de tous ceux qu'on vient de défigner, fait prêter à chaque juré féparément le ferment fuivant : « Citoyen, vous » jurez & promettez d'examiner avec l'attention la » plus fcrupuleufe les charges portées contre un tel.... » de n'écouter ni la haine, ni la méchanceté, ni la » crainte ou l'affection ; de n'en communiquer avec » qui que ce foit jufqu'après votre déclaration ; de » vous décider d'après les témoignages & fuivant » votre confcience & votre intime & profonde con- » viction, avec l'impartialité & la fermeté qui convien- » nent à un homme libre ».

Chacun des jurés répond : « je le jure » ; enfuite ils prennent place tous enfemble fur des fiéges féparés du public & des parties, de manière qu'ils fe trouvent placés en face de l'accufé & des témoins.

Les trois jurés-adjoints, dont on a parlé plus haut, fe placent auffi dans l'auditoire, mais féparément des autres, & ils n'ont de fonctions & ne prêtent même ferment que lorfqu'ils font requis de fe joindre aux autres jurés.

A compter de ce moment, les jurés ne peuvent plus communiquer avec perfonne par écrit, parole ou gefte, tant qu'ils feront dans l'auditoire, à moins qu'ils n'aient des éclairciffemens à demander, ce qu'ils peuvent faire en la forme qui va être expliquée.

L'accufé comparoît à la barre, libre & fans fers. La loi a voulu écarter de l'accufé tout ce qui pouvoit influer fur fa liberté morale en gênant fa liberté phyfique ; il pourra cependant y avoir des gardes autour de l'accufé pour l'empêcher de s'évader.

Le préfident lui dit qu'il peut s'affeoir, lui demande fes nom, âge, profeffion & demeure, & le greffier tient note des réponfes.

Le préfident avertit enfuite l'accufé d'être attentif à tout ce qu'il va entendre ; il ordonne au greffier de lire l'acte d'accufation. Le greffier fait cette lecture à haute & intelligible voix ; après quoi le préfident rap-

pelle

pelle à l'accufé, le plus clairement poſſible, ce qui eſt contenu en l'acte d'accuſation, & lui dit : —— voilà de quoi vous êtes accufé, vous allez entendre les charges qui feront produites contre vous. La même chofe fe pratique s'il y a pluſieurs co-accufés.

Les noms des témoins doivent être déja connus de l'accufé ; la loi veut que la lifte lui en foit notifiée au moins vingt-quatre heures avant l'examen ; ainſi il a eu le temps de réfléchir aux moyens de reproches qu'il pourroit avoir contre aucun d'eux.

Un mari ne peut dépofer contre fa femme, ni une femme contre fon mari ; les afcendans ne peuvent auſſi être entendus en témoignage contre les defcendans, & réciproquement ; il en eſt de même d'un frère & d'une fœur contre leur frère & fœur & des alliés au même degré.

Les témoins, foit qu'ils foient produits par la partie plaignante ou par l'accufateur public, fe préfentent l'un après l'autre pour faire leurs dépofitions en pu- blic & féparément, à moins que l'accufé, comme il en a le droit, ainſi que l'accufateur public, n'ait demandé par lui-même ou par fon confeil, que les témoins produits contre lui foient introduits & entendus enfemble.

Le préfident, avant la dépofition, fait prêter ferment aux témoins individuellement, de parler *fans haine & fans crainte de dire la vérité, toute la vérité, rien que la vérité.*

Il demande enfuite à chacun des témoins, avant que fa dépofition foit commencée, fi c'eſt de l'accufé préfent qu'il entend parler ; s'il le connoiſſoit avant le fait ; enfin s'il eſt parent, allié, ami, ferviteur ou do- meſtique d'aucune des parties.

Cela fait, le témoin dépofe ; après chaque dépofi- tion, le préfident demande à l'accufé s'il veut répon- dre à ce qui vient d'être dit contre lui ; l'accufé & fes amis ou confeils préfens, peuvent dire, tant contre les témoins perfonnellement que contre leur témoignage, tout ce qu'ils jugeront utile à la défenfe de l'accufé ; ils peuvent même queſtionner les témoins. Il eſt éga- lement libre à l'accufateur public, aux jurés & au pré- fident de demander aux témoins & à l'accufé tous les éclairciffemens dont ils croiront avoir befoin.

Si la dépofition d'un témoin paroît évidemment fauffe, le préfident en dreffe procès-verbal, & peut d'office, & fur la réquifition de l'accufateur public ou de l'accufé & de fes confeils, le faire arrêter fur-le- champ, & le renvoyer pardevant le juré de diſtrict du lieu pour prononcer fur l'accufation, dont l'acte dans ce cas fera dreffé par le préfident lui-même.

Projet d'inſtruct. fur la procédure criminelle.

Lorsque les témoins de l'accusateur public & de la partie plaignante auront été entendus, l'accusé peut alors faire entendre les siens, non-seulement pour établir son innocence & se justifier du fait qu'on lui impute, mais pour attester qu'il est homme d'honneur & de probité, & qu'il est d'une conduite irréprochable ; la loi, en recommandant aux jugés d'avoir tel égard que de raison aux témoignages de cette dernière espèce, n'a pas voulu cependant priver l'accusé d'une ressource que les circonstances & la confiance que peuvent mériter les témoins, pourroient rendre très-précieuse à sa justification.

Il est également libre à l'accusateur public & à la partie plaignante de questionner tous les témoins, de les reprocher, en un mot de dire contre eux & leur témoignage tout ce qu'ils jugeront nécessaires.

Les témoins, après leur déposition, restent dans l'auditoire, mais ils ne peuvent jamais s'interpeller entre eux ; l'accusé peut, s'il le juge à propos, requérir, par lui ou par ses conseils, que ceux des témoins qu'il désignera soient entendus de nouveau séparément, ou en présence les uns des autres. L'accusateur public a la même faculté à l'égard des témoins produits par l'accusé.

S'il y a des effets trouvés lors du délit, ou depuis, qui puissent servir à conviction, ils seront représentés à l'accusé, & il lui sera demandé de répondre personnellement s'il les reconnoît.

Il en est de même quand il y a plusieurs co-accusés ; s'ils sont compris dans le même acte d'accusation, ils seront jugés par le même juré ; il sera fait un débat pour chacun d'eux sur les circonstances qui lui seront particulières, & le tribunal déterminera l'ordre dans lequel ils pourront être présentés au débat, en commençant toujours par le principal accusé, s'il y en a un. Les autres co-accusés y seront présens & pourront y faire leurs observations.

Tout cet examen, les débats & la discussion qui en seront la suite, ne seront point rédigés par écrit ; les jurés & les juges pourront bien prendre note de ce qui leur paroîtra important, mais sans que la discussion puisse en être arrêtée ni interrompue. Le commissaire du roi présent & obligé d'assister à toute cette instruction, peut toujours faire aux juges, au nom de la loi, toutes les réquisitions qu'il jugera convenables, & il lui en sera donné acte.

Le tribunal criminel ni le directeur du juré, chacun

dans les affaires de leur compétence, ne font pas obligés de déférer aux réquifitions du commiffaire du roi, & l'inftruction ni le jugement n'en peuvent être arrêtés ni fufpendus, fauf au commiffaire du roi du tribunal criminel à fe pourvoir en caffation après le jugement, s'il le juge à propos, fuivant la forme indiquée par la loi.

Lorfque tous les témoins de part & d'autre ont fini leur dépofition, l'accufateur public & la partie plaignante, s'il y en a, doivent être entendus ; & expliquer les moyens par lefquels ils prétendront juftifier l'accufation ; l'accufé, ou fes amis ou confeils, peuvent répondre ; enfuite le préfident du tribunal criminel fait un réfumé de l'affaire & la réduit à fes points les plus fimples. Il fait remarquer aux jurés les principales preuves qui réfultent pour ou contre l'accufé, après quoi il les avertit de fe retirer dans la chambre qui leur eft deftinée ; il ordonne en même temps que l'accufé ou les accufés foient reconduits en la maifon de juftice.

Les jurés retirés dans leur chambre doivent y refter fans pouvoir communiquer avec perfonne ; le premier d'entr'eux infcrit fur le tableau eft leur chef.

Ils doivent examiner les pièces du procès, parmi lefquelles il ne faut pas comprendre les déclarations écrites des témoins, qui ne doivent pas être remifes au juré ; mais feulement l'acte d'accufation, les procès-verbaux & autres pièces femblables. C'eft fur ces bafes, & particulièrement fur les dépofitions & le débat qui ont eu lieu en leur préfence, qu'ils doivent affeoir leur conviction perfonnelle : car c'eft de leur conviction perfonnelle qu'il s'agit ici ; c'eft elle que la loi leur demande d'énoncer ; c'eft à elle que la fociété, que l'accufé s'en rapportent. La loi ne leur demande pas compte des moyens par lefquels ils fe font formé une conviction. Elle ne leur preferit point de règles auxquelles ils doivent attacher particulièrement la plénitude & la fuffifance d'une preuve ; elle leur demande de s'interroger eux-mêmes dans le filence & le recueillement ; & de chercher dans la fincérité de leur confcience, quelle impreffion ont fait fur leur raifon les preuves rapportées contre l'accufé, & les moyens de fa défenfe. La loi ne leur dit point : Vous tiendrez pour vrai, tout fait attefté par tel ou tel nombre de témoins ; ou : Vous ne regarderez pas comme fuffifamment établie, toute preuve qui ne fera pas formée de tant de témoins, ou de tant d'indices. Elle ne leur fait que cette feule queftion qui renferme toute la mefure de leurs devoirs : Avez-vous une intime conviction ?

Ce qu'il est bien essentiel de ne pas perdre de vue, c'est que toute la délibération du juré du jugement a pour base l'acte d'accusation. C'est à cet acte qu'ils doivent s'attacher. Leur mission n'a pas pour objet la poursuite des délits, qui appartient à l'accusateur public ; ils ne sont appelés que pour décider si l'accusé est coupable ou non du crime dont on l'accuse.

Et d'abord, avant de chercher si l'accusé est coupable, ils doivent examiner si le délit est constant : car en vain chercheroit-on un coupable, s'il n'existoit pas de délit.

Lorsqu'ils se sont assurés qu'il en existe un, ils examinent si l'accusé dénommé en l'acte d'accusation, est ou non convaincu de ce même délit.

Mais la loi a porté plus loin encore la prévoyance ; & comme c'est l'intention qui fait le crime, elle a voulu que les jurés, quoique certains du fait matériel, & connoissant son auteur, pussent scruter les motifs, les circonstances, & la moralité du fait. Un délit involontaire, ou commis sans intention de nuire, ne peut pas être l'objet d'une punition ; d'un autre côté, il peut arriver que la nature de l'accusation ait changé par la défense de l'accusé & les preuves fournies par lui. Nous rendrons ces observetions encore plus sensibles par des exemples ; & on reconnoîtra qu'il feroit impossible sans une injustice révoltante d'astreindre les jurés à s'en tenir strictement au contenu en l'acte d'accusation ; la loi leur ordonne donc, lorsqu'ils ont trouvé que le délit existoit, & que l'accusé étoit convaincu de l'avoir commis, de faire une troisième déclaration d'équité sur les circonstances particulières du fait, soit pour déterminer si le délit a été commis volontairement ou involontairement, avec ou sans dessein de nuire, soit pour prononcer en atténuation du même genre de délit.

Cette marche, qui est nécessairement conforme à la raison, puisqu'elle est absolument prescrite par la justice, sera donc facile à suivre dans sa pratique ; car les institutions raisonnable ss'apprennent aisément, & se gravent comme le souvenir d'un bienfait, dans la mémoire des hommes. Ainsi, les jurés & les juges s'en pénétreront en peu de temps ; mais il est bon de ne négliger aucun des développemens qui peuvent lever les premiers embarras causés par le défaut d'habitude & d'expérience. C'est dans cet esprit, que nous allons analyser l'opération des jurés.

Ils délibéreront d'abord sur l'exiftence matérielle du fait qui avoit conftitué le corps de délit.

Après avoir reconnu l'exiftence du fait, ils délibéreront enfuite sur l'application de ce fait à l'individu accufé, pour reconnoître s'il en eft l'auteur.

Enfin, ils examineront la moralité du fait, c'eft-à-dire, les circonftances de volonté, de provocation, d'intention, de préméditation, qu'il eft néceffaire de connoître pour favoir à quel point le fait eft coupable, & pour le définir par le vrai caractère qui lui appartient.

La première queftion à laquelle doivent répondre les jurés, porte donc fur l'exiftence du fait qui eft l'objet de l'accufation. S'il s'agit d'un affaffinat, d'un incendie, d'un faux, l'exiftence d'un tel fait eft toujours facile à féparer des autres idées acceffoires, telles que celle de l'auteur du crime, & des intentions dans lefquelles il a été commis. L'infpection du cadavre, de la maifon brûlée ou de la pièce falfifiée, rend la certitude de ces faits abfolument complette, indépendamment des notions ultérieures fur le nom du coupable & fur les motifs qui l'ont fait agir.

Dans le crime de vol au contraire, il peut quelquefois paroître plus difficile de féparer le fait matériel de l'intention. La définition même du vol, telle qu'elle a été conçue par les jurifconfultes, prête à cette confufion de penfées, en ce qu'elle renferme une partie intentionnelle, & n'attache l'idée précife de vol qu'à l'intention de voler.

Mais il n'eft pas moins vrai que tout vol fuppofe la fouftraction d'un effet quelconque à la poffeffion de celui qui en étoit le détenteur ; & fi toute fouftraction d'un effet n'eft pas néceffairement un vol, tout vol au moins fuppofe cette fouftraction, qui eft le fait matériel fur lequel, avant tout, les jurés doivent donner leur déclaration.

Chacun d'eux fe formera donc une conviction intime fur ce premier point : Le fait eft-il conftant ?

Ce fera auffi fur ce premier point, qu'ils donneront leur déclaration, lorfqu'ils pafferont de la chambre des jurés, où ils délibèrent entr'eux, dans celle du confeil, où ils doivent donner leur opinion en préfence d'un juge & du commiffaire du Roi ; la formule de cette déclaration eft indiquée par la loi. Le juré met la main fur fon cœur, & dit : *fur mon honneur & ma confcience, il y a délit conftant* ; ou bien, *fur mon honneur & ma confcience, le délit ne me paroît pas conftant* ;

& pour qu'il ne puiſſe jamais y avoir lieu à aucune
méprife dans la manière de compter les voix, des
boules noires & blanches ferviront à recueillir dans
des boîtes de la même couleur que les boules,
les fuffrages des jurés. L'opinion favorable à l'accufé
fera exprimée en jetant une boule blanche dans la
boîte blanche. L'opinion contraire, en jetant une
boule noire. Le juge préfentera les boules des deux
efpèces au juré. Celui-ci choifira la boule propre à
exprimer fon opinion, & la jettera dans la boîte de
couleur correfpondante.

Ainfi pour décider le premier point, (le fait eft-il
conftant?) les jurés qui croiront que le fait n'eft pas
conftant, exprimeront leur avis en mettant une boule
blanche dans la boîte. Ceux qui croiront le fait conftant, mettront une boule noire dans la boîte noire (1).
Enfin, pour que les boîtes qui auront fervi à exprimer
fur la première queftion ne puiffent pas fe confondre
avec les boîtes qui ferviront aux queftions fuivantes,
ces boîtes porteront chacune une infcription : fur la
boîte noire fera écrit, *fait conftant*; fur la boîte blanche, *fait non conftant*.

Sur la feconde queftion, (l'accufé eft-il l'auteur du
fait?) il ne fe préfentera aucune difficulté. Il eft fenfible que les jurés doivent en donner la folution qui
fe préfente fous des termes également fimples dans
tous les genres de délits. La formule de leur décifion
fera : *fur mon honneur & ma confcience, l'accufé
eft convaincu* ; ou : *l'accufé ne me paroît pas
convaincu.* Ils jetteront enfuite des boules noires ou
blanches dans des boîtes de même couleur que les
boules, & dont la noire portera pour infcription :
l'accufé convaincu ; la blanche, cette autre infcription : *l'accufé non convaincu.*.

Vient enfuite la troifième queftion, qui fe divife en
plufieurs branches, & qui demande à être confidérée
avec quelque détail.

Il s'agit ici d'examiner la moralité de l'action, &
il eft des actions qui, par leur nature, font plus ou
moins fufceptibles que d'autres de changer de caractère fuivant qu'elles font produites par des intentions
différentes.

---

(1) Il fera utile de faire conftruire les boîtes de manière
que la boule noire ne puiffe pas entrer dans l'ouverture de
la boule blanche.

Par exemple, une fauſſe ſignature n'admet pas de circonſtances atténuantes, & ne peut pas trouver ſon excuſe dans ſes motifs. On ne commet point un faux involontairement, ni pour une défenſe légitime, ni emporté par un premier mouvement. Ce crime porte avec lui le caractère de la volonté décidée, & de la préméditation.

Au contraire la mort donnée à un homme, ce qui s'exprime par le mot générique & indéfini d'*homicide*, eſt un fait ſuſceptible des modifications les plus étendues, enſorte que le même fait matériel peut recevoir des circonſtances qui l'accompagnent toutes les nuances que l'on peut concevoir entre un crime atroce & un acte légitime. C'eſt pourquoi nous choiſirons l'homicide pour ſervir d'exemple à la ſubdiviſion de la troiſième queſtion, qui porte ſur la moralité intentionnelle du fait.

Nous ſuppoſons que l'homicide ſoit déclaré conſtant par les jurés, & que l'accuſé ſoit reconnu pour en être véritablement l'auteur ; alors pluſieurs circonſtances peuvent être eſſentielles à diſtinguer.

L'accuſé peut avoir commis l'homicide en défendant ſa vie, ou, ce qui revient au même, en défendant la vie d'une perſonne qu'on vouloit aſſaſſiner devant ſes yeux. Dans ce cas l'homicide ſeroit légitime.

L'accuſé peut avoir donné la mort par accident, & non ſeulement ſans aucune volonté, mais encore ſans aucune imprudence ; & alors l'homicide eſt innocent.

L'accuſé peut avoir donné la mort ſans aucune volonté, mais par une ſimple imprudence, & alors il a encouru non la peine de l'homicide, mais celle de l'imprudence, qui eſt du reſſort de la police correctionnelle.

L'accuſé peut avoir donné la mort dans un mouvement impétueux, dans lequel il a été précipité par une provocation plus ou moins capable de troubler ſa raiſon, d'exciter en lui une paſſion violente, & de lui ravir l'uſage libre de ſa volonté (1).

____

(1) C'eſt particulièrement aux faits de cette nature que ſe rapporte la prononciation, *excuſable*, meſure juſte & ſalutaire qui fait concourir l'équité avec la juſtice ; précaution néceſſaire dans toute légiſlation qui ne veut pas être inhumaine. Les lettres de grâce étoient deſtinées à remplir cet objet dans l'ancien régime ; mais cette manière de diſtribuer le remède d'équité étoit ſi partiale, ſi inégale, ſi indulgente pour le crime protégé, ſi inofficieuſe pour le malheur ſans appui, que l'inflexible juſtice

L'accufé peut avoir donné la mort volontairement, mais ce crime peut avoir été par lui auffitôt exécuté que conçu , commis fans réflexion par l'effet d'un premier mouvement, & c'eft le cas du meurtre proprement dit.

Enfin l'accufé peut avoir donné la mort après avoir conçu & préparé cet horrible deffein , concerté les moyens, épié le moment de le mettre à exécution ; & c'eft le cas du deffein prémédité ou de l'affaffinat.

Il eft clair que ces différentes fuppofitions , qui toutes peuvent s'appliquer à l'exiftence prouvée du même fait matériel, & à la certitude que *tel* en eft l'auteur, apportent une différence immenfe entre les caractères moraux de la même action , & que les jurés ne peuvent fe difpenfer d'étudier ces nuances & de les fpécifier pour prononcer fur le fait dont un homme traduit devant eux eft accufé.

Car ils n'auroient rien fait pour la vérité & pour l'application de la loi, s'ils n'avoient fait que déclarer : un tel a commis un homicide, puifqu'il refteroit encore à leur demander fi c'eft un homicide innocent ou légitime, volontaire ou involontaire, de premier mouvement ou de deffein prémédité.

Il faut donc que la déclaration des jurés contienne cette explication, & c'eft pour cela que la loi veut qu'ils en délibèrent. Mais faut-il que dans tous fes cas ils fe propofent à eux-mêmes autant de queftions qu'il y a de nuances admiffibles entre l'affaffinat & l'homicide légitime? Il en réfulteroit une complication inutile dans leur travail, & une abfurdité dans la pofition de ces queftions différentes, puifqu'il y en a qui s'excluent néceffairement Par exemple , quand il y a lieu d'examiner fi, ou non, un meurtre a été occafionné par une provocation grave ; certes, il n'y a pas lieu d'examiner fi c'eft un pur homicide innocent, arrivé par hafard, & caufé par un fimple accident.

L'incohérence évidente de ces deux queftions rebuteroit tout homme de bon fens, & dégoûteroit les jurés , qui doivent toujours prendre leur raifon

---

eût paru moins dure au grand nombre qu'une clémence fi injurieufement répartie. Mais nous traiterons féparément de la prononciation d'excufable , qui doit être l'objet d'une délibération réfervée pour une autre époque du jugement. Les jurés n'auront à examiner en ce moment que la queftion de favoir s'il y a eu ou non provocation.

pou

pour guide, d'une inſtitution où les idées raiſonna-
bles feroient ſi manifeſtement bleſſées.

Mais, d'un côté, il y auroit de l'inconvénient à ne
pas guider les jurés ſur la poſition des queſtions différentes qu'ils doivent ſe propoſer ſur la moralité du
fait. Il feroit à craindre qu'ils n'en omiſſent d'eſſentielles, ou qu'il ne s'élevât entr'eux des débats ſur la
manière de les poſer ; & ces difficultés pourroient
prolonger beaucoup leur opération, quelquefois
même les jeter dans des embarras dont ils auroient
peine à ſortir.

Ce ſera donc au juge qui conduit la procédure &
qui préſide & dirige le débat, de recueillir attentive-
ment les différentes queſtions relatives à l'intention
auxquelles la nature du fait & des charges peut donner ouverture, pour les indiquer au juré & fixer ſur
cet objet ſa délibération.

Après avoir pris l'avis du tribunal ſur la manière
de poſer les queſtions, il les poſera en préſence du public, de l'accuſé, de ſes conſeils & des jurés, auxquels il les remettra par écrit, & arrangées dans l'ordre dans lequel ils devront en délibérer. L'acouſé &
ſes conſeils pourront lui faire quelques obſervations à
cet égard, s'ils le jugent néceſſaire ; & les jurés délibéreront ſur ces queſtions dans l'ordre où elles leur
auront été préſentées par le juge.

Ils en délibéreront, comme ſur les deux premières,
avec des boules noires & des boules blanches, & des
boîtes de l'une & de l'autre couleur, ſur leſquelles on
inſcrira l'affirmative & la négative de chacune des queſtions poſées par le juge. Il y aura autant de paires de
boîtes qu'il y aura de queſtions différentes, recom-
mandées par le juge à la déciſion des jurés. La boule
& la boîte blanche ſerviront conſtamment à exprimer
l'opinion favorable à l'accuſé. La boule & la boîte
noire ſerviront à exprimer l'opinion contraire.

Cette méthode eſt d'une facile exécution, & la
pratique habituelle la rendra chaque jour plus ſen-
ſible & plus aiſée.

On ſe rappelle que les jurés ſe ſont retirés dans
leur chambre, pour y délibérer & former leur opinion individuelle ſur chacun des points que le juge
leur a donné à décider. Lorſque tous ſont prêts à prononcer, ils font avertir les juges ; & l'un d'eux, autre
que le préſident, paſſe, ainſi que le commiſſaire du
Roi, dans la chambre du conſeil, pour y recevoir la
déclaration des jurés.

Le chef des jurés, c'est-à-dire , le premier infcrit fur la lifte, fe préfente le premier. Il fait fa déclaration dans les termes ci-deffus rapportés. D'abord fur cette queftion : « Le fait eft-il conftant ? » Et il la conftate de fuite en pofant une boule noire ou blanche dans la boîte qui correfpond à fa déclaration.

S'il n'a pas trouvé le fait conftant, il n'a pas d'autre déclaration à faire.

S'il l'a trouvé conftant , il paffe à la feconde déclaration fur cette queftion : « L'accufé eft-il l'auteur du fait? » Il appuye encore cette déclaration comme la première, en plaçant une boule noire ou une boule blanche , fuivant fon opinion, dans l'une des boîtes difpofées à cet effet. S'il ne penfe pas que l'accufé foit l'auteur du délit en queftion , il n'a plus de fuffrage ultérieur à donner. Si , au contraire , il penfe que le fait ait été commis par l'accufé , alors il doit opiner fur les queftions intentionnelles pofées par le juge.

Lorfque le juge pofe plufieurs queftions relatives aux différens degrés d'intention , il doit les difpofer de telle forte que la plus favorable à l'accufé fe décide toujours la première, & ainfi de fuite , jufqu'à celle qui lui feroit la moins favorable. Ainfi , la queftion de favoir fi un accufé a commis un homicide à fon corps défendant , doit précéder la queftion de favoir s'il l'a commis d'après une provocation qui puiffe l'excufer.

Le chef des jurés énonce donc fon opinion dans ce même ordre fur chacune des queftions intentionnelles qui ont été pofées par le juge , & la confirme par l'émiffion d'une boule noire ou blanche. D'où il fuit naturellement que s'il y a plufieurs queftions intentionnelles pofées par le juge , le juré qui a donné une boule blanche fur la première queftion, n'a plus à donner de fuffrage fur la feconde; la raifon en fera rendue fenfible en continuant à nous fervir du même exemple. Si le juré a exprimé par une boule blanche , qu'un homicide a été commis par l'accufé à fon corps défendant, il n'a plus à s'expliquer fur le fait de favoir fi l'accufé avoit été fuffifamment provoqué , que pour que cette provocation lui fervît d'excufe ; car la première propofition que le juré a affirmée , va au-delà de la feconde ; elle eft plus favorable à l'accufé , & le juftifie plus complétement.

On voit par cette obfervation, qu'auffi-tôt que le juré s'eft déterminé en faveur de l'accufé fur une des queftions foumifes fucceffivement & par ordre à fa décifion , & qu'il a en conféquence émis une boule

blanche, il n'a plus à donner de suffrage sur les quef
tions ultérieures. Au contraire, tant qu'il donne des
boules noires , c'est-à-dire , tant qu'il juge contre
l'accusé les questions qui lui sont présentées dans leur
ordre graduel, il lui reste à prononcer sur les questions
ultérieures , jusqu'à ce qu'il ait donné son opinion sur
toutes celles que le juge a posées.

Quand le chef des jurés a fini d'opiner , il reste
dans la chambre du conseil pour être témoin des
opinions que donneront après lui tous les autres jurés,
qui doivent suivre exactement la même marche dans
la manière de donner leur suffrage , mais lui seul
d'entre les jurés doit rester présent avec un des juges
& le commissaire du Roi à toute cette opération, & les
autres jurés doivent se retirer à mesure qu'ils ont fini
leurs déclarations.

Les douze jurés ayant achevé de donner leur déclaration invididuelle , ils doivent tous rentrer dans la
chambre du conseil, & là en leur présence & en celle du
commissaire du roi, le juge fait l'ouverture des boîtes
dans le même ordre que celui dans lequel ont été
posés les questions auxquelles elles correspondent.
D'abord on ouvre les boîtes qui ont servi à décider si le fait est constant ou non constant. Sur cette
première question , s'il se trouve trois boules blanches, il est décidé que ce fait n'est pas constant &
la délibération est terminée.

S'il ne se trouve pas trois boules blanches données sur la question du fait , on passe à l'ouverture
des boîtes sur la question de savoir quel est l'auteur du fait ; mais , avant de passer au récense-
ment des boules blanches sur cette seconde question, il ne faut pas manquer de réserver les boules
blanches qui peuvent avoir été données sur la première question, & qui n'étant pas au nombre de trois
n'ont pas emporté la balance. Ces boules doivent
s'additionner avec les boules blanches qui seront
trouvées dans la boîte blanche servante à la seconde
question, & cela est de toute justice ; car les jurés
qui, sur la première question , ont estimé qu'il n'y
avoit pas de fait constant , doivent sur la seconde se
joindre à ceux qui ne pensent pas que *tel accusé* en
soit l'auteur.

Si cette addition des boules blanches émises sur
la première & sur la seconde question donne trois
boules blanches, la délibération se termine là ; & il

eſt décidé que l'accuſé n'a pas paru aux jurés convaincu du fait porté en l'accuſation.

Si au contraire cette addition ne donne pas le nombre de trois boules blanches, le juge paſſera à l'ouverture des boîtes relatives à ſa queſtion intentionnelle, ou à la première de ces queſtions, s'il y en a eu pluſieurs de poſées.

Dans ce troiſième récenſement les boules blanches fournies ſur les deux premières queſtions doivent encore ſe réunir à celles qui vont ſe trouver dans la boîte blanche : en effet les jurés qui ont été d'avis qu'il n'y avoit pas de fait de conſtant, ou que l'accuſé n'étoit pas convaincu, n'ayant pas été en aſſez grand nombre de cet avis pour le faire prévaloir, ne peuvent s'empêcher de ſe réunir à ceux des jurés qui ſe décideront en faveur de l'accuſé ſur les queſtions intentionnelles.

S'il y a eu pluſieurs queſtions intentionnelles poſées, & ſi les trois premiers récenſemens réunis n'ont pas encore fourni une ſomme additionnelle de trois boules blanches, on paſſe à l'ouverture des boîtes ſur la ſeconde queſtion intentionnelle, ainſi de ſuite juſqu'à ce que le récenſement des ſuffrages ſoit terminé, ſoit par l'ouverture de toutes les boîtes, ſoit par une ſomme de trois boules blanches qui arrête & fixe la déciſion des jurés ſur la queſtion ſur laquelle l'accuſé a obtenu la troiſième boule blanche.

Cette déciſion recueillie par le juge en préſence du commiſſaire du roi, & conſtatée par le chef des jurés, tous rentrent dans la chambre d'audience. Chacun y reprend ſa place, & le chef des jurés ſe levant prononce en leur nom la déclaration en ces termes : « ſur mon honneur & ma conſcience, la dé- » claration du juré eſt que le fait eſt conſtant ou » non conſtant : que l'accuſé eſt, ou que l'accuſé » n'eſt pas convaincu, *& que* (ou) *mais que*... : (ici ſe place la déclaration ſur le fait intentionnel poſé par le juge).

Nous penſons que ces détails ſuffiront pour éclairer la marche des jurés & du juge qui doit les diriger, pour faire diſparoître à leurs yeux les difficultés nées d'une complication apparente de moyens, qui n'eſt au fond qu'une métode analytique pour obtenir d'eux des réponſes cathégoriques ſur des queſtions nettement poſées.

Mais, avant de quitter cette matière, nous devons encore quelques développemens ſur la méthode que

le préfident doit employer pour faire opiner les jurés
fur les circonftances indépendantes, qu'il faut bien
fe garder de confondre avec les modifications agravantes ou atténuantes d'un même fait. Ces circonftances font nommées indépendantes, parce qu'elles
font tellement ifolées les unes des autres que chacune
d'elles peut être jugée vraie ou fauffe, fans que cela
puiffe influer fur le jugement à prononcer relativement aux autres.

Un exemple rendra cette définition plus palpable,
& nous l'emprunterons du crime de vol.

N. eft convaincu d'avoir volé une fomme de mille
écus; fon délit eft de nature différente s'il l'a volé
de nuit, ou de jour; avec effraction extérieure, ou
fans effraction extérieure.

Ces circonftances font indépendantes les unes des
autres. L'effraction peut être prouvée fans que le vol
de nuit foit prouvé, & réciproquement. Tel juré
qui eft d'avis que ce vol ne s'eft pas commis la nuit
ne préjuge par-là rien de relatif à l'effraction. Il peut
donner une boule blanche fur la première queftion,
& une boule noire fur la feconde, *& vice verfa.*

D'où il fuit, 1°. que pour faire prononcer les
jurés fur les circonftances indépendantes, le juge ne
trouvera pas l'ordre des queftions indiqué par la férie
des idées, & qu'ainfi il pourra les préfenter dans l'ordre qu'il voudra, fans s'aftreindre à commencer par
celles qui font le moins agravantes, puifque ce font
autant de faits féparés & fans affinité.

2°. Que les boules blanches fournies fur chacune
des différentes circonftances indépendantes ne doi-
pas s'additionner entr'elles; mais qu'elles doivent feu·
lement s'additionner avec les boules blanches fournies fur les deux premières queftions relatives à l'exif-
tance du corps de délit, & à la conviction de l'auteur de ce délit.

3°. Que le juré qui a fourni un boule blanche fur
une circonftance indépendante, ne continue pas
moins à donner fon opinion fur les autres circonftances indépendantes, parce que fon opinion fur
l'une de ces circonftances n'influe en rien fur ce qui
refte à juger relativement aux autres; les décifions
fubféquentes n'étant pas implicitement renfermées
dans celle qu'il a rendue.

Tous ces détails vont s'expliquer par un exemple.
Je fuppofe les circonftances fuivantes :

Sur la première queſtion : « Le fait eſt-il conſtant ? » il s'eſt trouvé une boule blanche.

Sur la ſeconde queſtion : « Quel eſt l'auteur du fait ? » il n'y a pas eu de boule blanche.

Sur la troiſième queſtion relative à une circonſtance indépendante : « Le vol a-t-il été commis la nuit ? » il ſe trouve une boule blanche. Elle s'additionne avec la boule blanche donnée ſur la première queſtion ; mais, comme cette addition ne donne en ſomme que deux boules blanches, les dix boules noires l'emportent, & la déclaration eſt que le vol a été commis de nuit. Le juré qui a donné ici la boule blanche, n'opinera pas moins ſnr la queſtion ſuivante.

Sur cette quatrième queſtion relative à une autre circonſtance indépendante, ſavoir : « le vol a-t-il été » commis avec effraction extérieure ? » il ne ſe trouve qu'une boule blanche. Si cette boule s'additionnoit avec celle qui ſignifioit que le vol n'a pas été commis la nuit, & enſuite avec celle qui a ſignifié que le fait n'eſt pas conſtant, cette quatrième queſtion ſeroit réſolue en faveur de l'accuſé ; mais cette ſupputation ſeroit injuſte & déraiſonnable ; car le juré qui a été d'avis que le vol n'étoit pas fait de nuit, n'a rien préjugé ſur l'effraction extérieure. On n'additionnera donc pas les deux boules blanches fournies ſur les deux circonſtances indépendantes ; mais on réunira ſeulement celles fournies ſur chacune de ces circonſtances ſéparément, à celles qui ont été récenſées ſur les deux premières queſtions relatives à l'exiſtence du fait & à la conviction de l'accuſé ; & dans l'exemple poſé, il en réſulte que par la majorité de dix boules noires contre deux blanches, chaque circonſtance indépendante eſt prouvée à la charge de l'accuſé.

Ces diſtinctions bien établies, nous revenons au moment où le chef des jurés a prononcé la déclaration en préſence de l'auditoire.

Le greffier reçoit & écrit cette déclaration, qui eſt ſignée de lui & du préſident.

Si l'accuſé eſt déclaré non convaincu du fait porté dans l'acte d'accuſation, & qu'il ait été inculpé ſur un autre par les dépoſitions des témoins, l'accuſateur public pourra demander au préſident de faire arrêter le prévenu ; & à l'occaſion de ce nouveau fait, le préſident, après avoir pris du prévenu les éclairciſſemens qu'il voudra donner, pourra, s'il y a lieu, le faire arrêter,

& le renvoyer devant un juré d'accusation, avec les témoins, pour être procédé à une nouvelle accusation; dans ce cas, le juré d'accusation sera celui du district dans le chef-lieu duquel siége le tribunal criminel.

Mais, si l'accusé est convaincu du fait porté dans l'acte d'accusation, il ne pourra jamais être poursuivi pour raison du nouveau fait, qu'autant que celui-ci mériteroit une peine plus forte que le premier; auquel cas il sera sursis à l'exécution de la première peine, jusqu'après le second jugement.

Lorsque l'accusé aura été déclaré non convaincu du fait, ou que les jurés auront déclaré que le fait a été commis involontairement & sans intention de nuire, cette décision suffira pour absoudre l'accusé; & le président, sans avoir besoin, ni de consulter les juges, ni d'entendre le commissaire du roi, prononcera que l'accusé est acquitté de l'accusation, & ordonnera qu'il soit mis sur-le-champ en liberté.

Le code criminel & celui de police correctionnelle ont réglé la peine encourue par les délits que les jurés prononceront avoir été commis involontairement ou par simple imprudence, sans préjudice aux dommages & intérêts de la partie.

Le code pénal règle aussi les condamnations auxquelles la peine doit être réduite lorsque le juge prononcera, d'après la déclaration des jurés, que le délit est excusable. Cette prononciation sera employée lorsque le juge aura estimé que les faits de provocation allégués par l'accusé, ou résultans du débat, renferment une excuse suffisante, & aura posé la question de savoir si ou non cette provocation a existé. Si les jurés trouvent que les faits de cette provocation soient bien justifiés & en font la déclaration sur la question intentionnelle, alors le juge prononce que le délit est excusable.

Tout particulier, acquitté de l'accusation, ne pourra plus être repris ni accusé pour le même fait; mais il n'aura à prétendre aucune indemnité contre la société: ce sera à lui à poursuivre ses dénonciateurs.

La décision des jurés, dans aucun cas, ne peut être soumise à l'appel: cependant, comme tous les hommes peuvent se tromper, la loi ne permet pas que le sort de l'accusé soit tellement dépendant des jurés, qu'il ne puisse, même en cas d'erreur sensible ou d'opinion évidemment fausse, éviter une condamnation injuste.

Si le tribunal étoit convaincu que les jurés se sont

trompés , il pourra donc , dans le cas feulement où
l'accufé auroit été déclaré coupable, & jamais lorfqu'il auroit été acquitté , ordonner que les trois jurés
adjoints qui ont également affifté à l'inftruction, fe
joindront aux douze qui ont prononcé. Alors il fe
fait un nouvel examen, & les 15 jurés ne peuvent
prendre de décifion qu'aux quatre cinquièmes des voix.

Lorfque l'accufé aura été déclaré convaincu , le
préfident, en préfence du public, le fera comparoître
& lui donnera connoiffance de la déclaration dujuré ;
fur cela le commiffaire du roi fera fa réquifition pour
l'exécution de la loi.

Le préfident demandera à l'accufé s'il n'a rien à
dire pour fa défenfe ; mais il n'eft plus queftion de
combattre la vérité du fait atteftée par la décifion
des jurés. Ce fait eft alors tenu pour conftant , &
l'accufé convaincu de l'avoir commis ; mais il peut
par lui ou fes confeils foutenir que ce fait n'eft pas
défendu par loi , qu'elle ne le regarde pas comme un
délit, ou qu'il ne mérite pas la peine à laquelle a conclu
le commiffaire du roi.

Enfuite les juges opinent fans défemparer; le plus
jeune commence, & tous fucceffivement jufqu'au préfident donnent leur avis à haute voix, & en préfence
du public, foit pour condamner l'accufé à la peine
établie par la loi, foit pour acquitter l'accufé dans le
cas où le fait dont il eft convaincu, n'eft pas défendu
par elle.

Le préfident recueille enfuite les voix ; mais, avant
de prononcer le jugement, il lit le texte de la loi fur
laquelle il eft fondé.

Si les juges font partagés entre deux avis pour l'application de la loi, c'eft l'avis le plus doux qui l'emporte ; s'il y a plus de deux avis ouverts, c'eft-à-dire,
fi trois juges penfent différemment, ou fi deux juges
font réunis à l'avis le plus févère , ils appelleront dans
ce cas des juges du tribunal du diftrict pour les dé-
partager.

Lorfque le préfident a prononcé, le greffier écrit le
jugement, & y insère le texte de la loi lu par le préfident.

Le tribunal criminel eft auffi compétent pour connoître des intérêts civils , qui peuvent être demandés
par les parties dans les procés criminels , & il y ftatuera
en dernier reffort.

Le préfident de ce tribunal eft tenu par la loi , fous
peine d'être fufpendu de fes fonctions , d'envoyer

copie du jugement d'abſolution ou de condamnation
qui ſera intervenu, tant à la municipalité du lieu de
la ſituation de la maiſon de diſtrict où le prévenu
avoit été détenu, qu'à la municipalité du lieu de ſon
domicile ; il doit y avoir à cet effet dans chaque municipalité un regiſtre particulier pour y tenir note des
avis qui leur auront été donnés, ſoit dans ce dernier
cas, ſoit dans les cas qui ont été détaillés ci-deſſus.

Lorſque le jugement a été prononcé à l'accuſé, il
doit être ſurſis pendant trois jours à ſon exécution.
Pendant ce délai l'accuſé aura le droit de ſe pourvoir en caſſation ; & s'il ne l'a pas fait, la condamnation ſera exécutée ſur les ordres du commiſſaire du
Roi, qui aura le droit à cet effet de requérir l'aſſiſtance
de la force publique.

Si l'accuſé veut ſe pourvoir en caſſation, il ſera
tenu, dans ledit délai de 3 jours, de remettre ſa requête adreſſée au tribunal de caſſation, & ſignée de
lui, au greffier du tribunal criminel, qui lui en délivrera reconnoiſſance ; celui-ci remettra la requête au
commiſſaire du roi, qui lui en délivrera également reconnoiſſance, & ſera tenu de l'envoyer auſſitôt au miniſtre de la juſtice.

Le commiſſaire du roi auſſi pourra demander, au nom
de la loi, la caſſation du jugement ; il ſera tenu dans le
même délai de trois jours d'en paſſer ſa déclaration
au greffe, & d'envoyer auſſitôt ſa requête au miniſtre
de la juſtice.

Les demandes en caſſation ne pourront être formées que pour cauſes de nullités prononcées par la
loi, ſoit dans l'inſtruction, ſoit dans le jugement, ou
pour fauſſe application de la loi.

Le tribunal de caſſation n'eſt point en effet un degré d'appel, ni de juridiction ordinaire, & il n'eſt
inſtitué que pour ramener perpétuellement à l'exécution de la loi, toutes les parties de l'ordre judiciaire
qui tendroient à s'en écarter ; le but de cette inſtitution ſuffit pour expliquer ſa compétence.

Les requêtes en caſſation ſeront adreſſées par
le commiſſaire du roi au miniſtre de la juſtice, lequel
ſera tenu dans les trois jours d'en donner avis au préſident du tribunal criminel & d'en accuſer la réception
au commiſſaire du roi ; celui-ci en donnera connoiſſance à l'accuſé & à ſon conſeil.

Le miniſtre de la juſtice remettra ces demandes au
tribunal de caſſation.

Si la demande en caſſation eſt préſentée par le

condamné , elle ne pourra être jugée qu'après un mois révolu à compter du jour de la réception de la requête, & pendant ce délai le condamné pourra faire parvenir au tribunal de caffation par le miniftre de la juftice le moyen qu'il voudra employer.

Le tribunal de caffation examinera, dans la forme indiquée par le décret d'établiffement de ce tribunal, les requêtes en caffation qui lui feront préfentées, & il confirmera ou annullera les jugemens. S'il les confirme, le miniftre de la juftice, auquel le commiffaire du roi près le tribunal de caffation rendra compte des jugemens de ce tribunal, en fera parvenir le difpofitif au préfident du tribunal criminel & le commiffaire du roi, qui en donnera connoiffance au condamné & à fon confeil, & dans les 24 heures après la réception de cette décifion le commiffaire du roi fera exécuter le jugement de condamnation.

Si le tribunal caffe les jugemens , il exprimera dans fa décifion le motif de la caffation, & renverra le procès à un autre tribunal criminel qu'il indiquera.

Le miniftre de la juftice enverra pareillement cette décifion au préfident du tribunal criminel & au commiffaire du roi, qui en donnera connoiffance à l'accufé & à fon confeil.

Il enverra auffi la décifion au tribunal indiqué par le tribunal de caffation.

L'accufé fera en conféquence renvoyé en perfonne devant le nouveau tribunal indiqué , avec toutes les pièces du procès , à la diligence du commiffaire du roi de fervice près le tribunal dont le jugement a été annullé.

Ce nouveau tribunal, fi le jugement a été annullé à raifon de fauffe application de la loi , rendra fon jugement fur la déclaration déja faite par le juré du premier tribunal , après avoir entendu l'accufé ou fes confeils ainfi que le commiffaire du roi.

Si le jugement avoit été annullé à raifon de violation ou d'omiffion de formes prefcrites à peine de nullité dans l'examen & la déclaration du juré, l'accufé ainfi que les témoins qui ont dépofé, feront de nouveau entendus pardevant un juré de jugement, que le nouveau tribunal fera affembler à cet effet en la forme indiquée par la loi.

Si le tribunal indiqué rend un jugement contre lequel on fe loit de nouveau pourvu en caffation , & s'il préfente les mêmes motifs de caffation que le premier , cette circonftance annonce qu'il peut y avoir dans la loi, des difpofitions qui ne foient pas affez clairement entendues ; le tribunal de caffation en réferera dans ce cas à la légiflature, qui déclarera quelle eft la véritable fignification de la loi ; le tribunal de caffation fera tenu de fe conformer au décret qui interviendra ; & en cas qu'il y ait lieu d'annuller le jugement, il renverra à un troifième tribunal criminel.

Ainfi fe termine la procédure criminelle qui déformais aura lieu pour les accufés préfens.

Mais le prévenu ou l'accufé peut être en fuite, & il peut fe faire que fur l'ordonnance de prife-de-corps rendue par le directeur du juré, il ait été impoffible de le faifir, ou qu'il n'ait point comparu fur l'ordonnance de fe repréfenter en juftice, dans le cas où il auroit été reçu à caution.

Dans ces deux cas le préfident du tribunal criminel auquel fera envoyée l'ordonnance du directeur du juré, & les pièces qui conftatent que le prévenu n'a pu être faifi & qu'il n'a point comparu, rendra une ordonnance portant qu'il fera fait perquifition de fa perfonne, & que chaque citoyen eft tenu d'indiquer l'endroit où il fe trouve.

Cette ordonnance, avec copie de celle de prife-de-corps, ou de fe repréfenter en juftice, fera, à la diligence du commiffaire du roi, affichée à la porte de l'accufé & à fon domicile élu, ainfi qu'à la porte de l'églife du lieu de fon domicile, ou à la porte de l'auditoire pour ceux qui ne font pas domiciliés ; elle fera également notifiée à fes cautions, s'il en a fourni, & proclamée dans les lieux ci-deffus énoncés, pendant deux dimanches confécutifs, à peine de nullité de toute la procédure qui feroit faite fans ces formalités. Il fera dreffé procès-verbal de toutes ces opérations.

Paffé ce temps, les biens de l'accufé feront faifis à la diligence & requête du commiffaire du roi de fervice près le tribunal criminel, & fes revenus feront verfés dans la caiffe du diftrict, ainfi qu'il fera déterminé par la fuite.

Huitaine après la dernière proclamation, le préfident du tribunal criminel, fur le vu des procès-verbaux d'affiches & proclamations, rendra une feconde ordonnance, portant que l'accufé eft déchu du titre de citoyen françois, que toute action en juftice lui eft interdite pendant tout le temps de fa contumace, & qu'il va être procédé contre lui malgré fon abfence.

Cette ordonnance fera fignifiée, proclamée & affichée aux lieux & dans la même forme que deſſus.

Après un nouveau délai de quinzaine, à compter du jour de la proclamation de la ſeconde ordonnance, le procès ſera continué dans la forme qui eſt preſcrite pour les accuſés préſens.

Ainſi le jour de l'aſſemblée des jurés, les jurés paroîtront comme ſi l'accuſé étoit préſent ; les témoins ſeront entendus, mais dans ce cas leurs dépoſitions ſeront reçues par écrit ; enſuite les jurés ſe retireront, décideront & feront leurs déclarations dans la même forme que celle indiquée ci-deſſus.

Aucun conſeil ne pourra ſe préſenter pour défendre l'accuſé contumace ſur le fond de ſon affaire ; mais s'il eſt dans l'impoſſibilité abſolue de ſe rendre, ſes amis pourront expoſer & plaider les motifs de ſon abſence devant le tribunal, qui jugera la légitimité de l'excuſe.

S'il la trouve fondée, il ordonnera qu'il ſera ſurſis à l'examen & au jugement pendant un temps qu'il fixera, eu égard à la nature de l'excuſe & à la diſtance des lieux, & pendant ce temps les biens de l'accuſé ſeront libres.

Lorſque les jurés auront fait leurs déclarations, ſi elles ſont contraires à l'accuſé, le tribunal appliquéra la loi, & le jugement ſera exécuté à la diligence du commiſſaire du roi, dans les vingt-quatre heures de ſa prononciation.

Cette exécution ſe fera en inſcrivant les condamnations intervenues contre l'accuſé contumace, dans un tableau qui ſera ſuſpendu au milieu de la place publique par l'exécuteur de la haute juſtice.

Pendant toute la vie de l'accuſé contumace, ſes biens reſtent ſaiſis au profit de la nation, ſauf le cas ci-après ; ſi cependant il avoit une femme & des enfans, un père ou une mère dans le beſoin, ils pourront préſenter leur requête au tribunal criminel, afin de diſtraction à leur profit d'une ſomme annuelle ou une fois payée.

Le tribunal, après avoir vérifié les motifs de la demande & entendu le commiſſaire du roi, pourra adjuger une ſomme quelconque qu'il fixera par le jugement, pour être touchée ſur les revenus des biens de l'accuſé contumace.

Toute peine portée dans un jugement de condamnation ſera preſcrite par vingt années, à compter de la date du jugement ; ainſi après ce temps l'accuſé ne pourra plus être recherché pour la peine contre lui prononcée.

Ses héritiers pourront aussi , après le même délai de vingt ans , demander au tribunal criminel d'être envoyés provisoirement en possession de ses biens, & le tribunal pourra leur accorder cette possession provisoire en donnant par eux caution de restituer dans le cas où l'accusé se présenteroit.

Mais après la mort de l'accusé légalement prouvée , ou après cinquante ans , à compter de la date du jugement, ses biens seront restitués à ses héritiers légitimes, qui, bien entendu, ne pourront demander aucune restitution des fruits.

L'accusé contumace pourra en tout temps se représenter, en se constituant prisonnier & donnant connoissance au président de sa comparution ; & du jour où il aura rempli ces formalités, tous jugemens & procédures faites contre lui seront anéanties de droit, sans qu'il soit besoin d'un jugement nouveau. Il en sera de même s'il est repris & arrêté.

L'accusé qui se sera représenté rentrera aussi dans tous ses droits civils à compter de ce jour ; ses biens lui seront rendus, ainsi que les fruits de ceux qui auront été saisis ; à la déduction néanmoins des frais de régie & de ceux du procès, qui seront réglés par le tribunal criminel.

Alors il sera procédé de nouveau , & suivant les formes de la loi , à l'examen & au jugement du procès , à compter de l'ordonnance de prise de-corps ; les témoins seront entendus de nouveau, sans que leurs dépositions soient écrites ; néanmoins les dépositions écrites des témoins décédés pendant son absence seront produites , mais pour y avoir tel égard que de raison par les jurés , qui ne doivent jamais perdre de vue que les preuves écrites ne sont point la règle unique de leurs décisions, & qu'elles ne leur servent que de renseignemens.

Si l'accusé qui s'est représenté est déclaré absous , il n'aura aucun recours , pas même contre son dénonciateur, & le juge lui fera en public une réprimande pour avoir douté de la justice & de la loyauté de ses concitoyens ; ensuite il sera remis en liberté.

Telle est la procédure prescrite par la loi pour les coutumaces.

FORMULES

DES DIVERS ACTES RELATIFS A LA PROCÉDURE PAR JURÉS.

Nota. Ces formules font exactement faites d'après la lettre de la loi ; on ne doit donc pas fe permettre d'en changer ou omettre les moindres difpofitions, car chacune d'elles correfpond à quelque article de la loi. Il a été impoffible de fpécifier tous les cas, toutes les circonftances qui peuvent caractérifer un délit ; c'eft aux officiers de police, aux directeurs du juré & autres fonctionnaires publics chargés de la fuite de la procédure du juré, à fe bien pénétrer de l'efprit de la loi, de manière qu'ils puiffent y conformer toutes leurs opérations dans les cas les plus difficiles, les plus minutieux & les moins prévus.

PLAINTE.

A M. le juge de paix, officier de police du canton de . . . . (*cette forme eft pour le cas où la plainte eft rédigée par le plaignant, ou fon fondé de pouvoir*) . . . . . Pierre . . . laboureur, demeurant à . . . tant en fon nom perfonnel, que comme fondé de la procuration fpéciale de Jacques . . . paffée devant notaire & témoins, le . . . . . laquelle fera annexée à la préfente plainte, vous repréfente que ce jour-d'hui, quatre heures du matin, plufieurs particuliers inconnus, à l'exception d'un feul qui fe nomme Claude . . . . journalier à . . . . . . fe font introduits dans fa maifon fituée à . . . . . . qu'ils ont crocheté la ferrure de la porte qui conduit à . . . . . . & ont brifé une armoire fermant à clef, dans une chambre donnant fur la cour au rez-de-chauffée ; que fur le bruit occafionné par les effractions de ces particuliers, les nommés Jacques . . . . & Antoine . . . . tous deux domeftiques du plaignant, couchés dans une chambre voifine, font defcendus & ont rencontré lefdits particuliers emportant des paquets & autres objets qu'ils n'ont pu diftinguer : que ledit Jacques leur ayant demandé pourquoi ils fe trouvoient à cette heure dans ladite maifon, l'un d'eux, qu'il n'a pu connoître, jetant à terre le paquet qu'il tenoit, préfenta auxdits Jacques & Antoine deux piftolets, en les menaçant de les tuer s'ils ofoient faire le moindre mouvement : que ledit Jacques a jeté un cri qui a porté l'alarme dans la maifon, & auquel font accourus ledit plaignant, fon fils & fes autres domeftiques ; qu'ils entendirent à ce moment tirer deux coups de piftolets, & qu'étant arrivés ils trouvèrent Antoine . . . . . mort, & Jacques . . . . . . renverfé à terre, & ayant reçu une balle dans la cuiffe & plufieurs coups de bâton fur la tête, fans que néanmoins il eût perdu connoiffance : que ledit bleffé ayant indiqué de quel côté lefdits particuliers s'étoient enfuis, le fils du plaignant a fuivi leurs traces, & eft revenu quelques minutes après, tenant au collet ledit Claude . . . . . . dont les compagnons n'avoient pu être faifis, mais que l'on foupçonne n'être pas fortis de la maifon, attendu que ledit plaignant en a fait garder toutes les iffues : que ledit Pierre . . . . . a pris le parti de venir auffitôt vous rendre plainte defdits faits, & de conduire pardevant vous ledit Claude . . . . . trouvé faifi d'une montre & deux gobelets d'argent appartenant audit Pierre . . . . . . que ledit Jacques . . . . . . bleffé, ne pouvant fe tranfporter lui-même, a fait venir un notaire qui, en préfence de témoins, a rédigé la plainte fpéciale annexée à la préfente plainte; pourquoi ledit Pierre . . . . . tant en fon nom que comme fondé de ladite procuration, déclare qu'il vous rend plainte des faits ci-deffus énoncés, dont il offre d'affirmer la vérité, & qui feront atteftés par les témoins amenés avec lui; demande acte de la remife qu'il fait en vos mains de la perfonne dudit Claude . . . . . ainfi que de la montre & des gobelets d'argent dont il a été trouvé faifi, & vous requiert d'agir conformément à la loi.

Signé (*à toutes les pages*) Pierre . . . . . . tant pour moi que comme fondé de la procuration fpéciale de Jacques.

L'officier de police figne auffi à toutes les pages, & met au bas :

« La préfente plainte fignée de . . . . . . nous a été préfentée le · · · · · ·
» à dix heures du matin, par ledit Pierre, tant en fon nom perfonnel que comme fondé
» de la procuration fpéciale de Jacques . . . . . annexée à ladite plainte & paraphée
» de nous & dudit Pierre . . . . . lequel a affirmé, fur notre réquifition, que les
» faits étoient tels qu'il les avoit expofés dans ladite plainte; en conféquence avons
» donné acte audit Pierre · · · · · de la remife qu'il fait en nos mains de la perfonne
» dudit Claude · · · · · préfent; & attendu la préfence des témoins amenés par
» ledit · · · · · nous avons reçu les déclarations defdits témoins fur les faits contenus en fa plainte, defquelles déclarations il a été tenu note par notre greffier pour
» fervir & valoir ce qu'il appartiendra; au furplus, difons que fur-le-champ nous nous
» tranfporterons fur le lieu du délit, pour, en préfence de deux notables, être fait
» vifite par un chirurgien tant du mort que du bleffé . . . . . & perquifition dans
» la maifon dudit Pierre . . . . . & prendre tous les éclairciffemens relatifs aux
» délits dont eft queftion en la préfente plainte, à l'effet de quoi ledit Claude . . . . .
» fera reconduit fous bonne & fûre garde à ladite maifon, pour être préfent aux opérations qui pourront être faites, & recevoir fes déclarations. A . . . . ce . . . . .
» figné . . . . juge de paix.

Si la partie ne rédige pas la plainte, & requiert l'officier de police de la rédiger, celui-ci dreffe le procès-verbal en cette forme.

L'an . . . . le . . . . dix heures du matin, s'eft préfenté pardevant nous . . . . juge de paix, officier de police du canton de . . . . Pierre. . . . . lequel nous a requis de rédiger la plainte qu'il vient nous rendre des faits ci-après détaillés, à quoi nous avons procédé d'après les déclarations dudit Pierre . . . . qui nous a dit que ce matin, &c. . . . . tous lefquels faits il a affirmé être tels qu'il les a déclarés, & a figné avec nous au bas de chaque page du préfent acte, tant en fon nom que comme, &c. . . . . fur quoi nous, &c. . . . .

PROCÈS

PROCÈS-VERBAL DE TRANSPORT DE L'OFFICIER DE POLICE.

(Ce transport a également lieu soit dans le cas où la cause de la mort est inconnue & suspecte, soit sur l'avis donné à l'officier de police, ou la connoissance qu'il aura de quelque manière que ce soit d'un délit, sans qu'il soit besoin d'une plainte.)

L'an......... le.......... heures du matin. Nous....... en conséquence de notre ordonnance apposée au bas de la plainte à nous rendue cejourd'hui par Pierre.... (*ou sur l'avis qui nous a été donné, ou, étant instruit par la rumeur publique, qu'il s'étoit commis à.......*) étant accompagné de........ & de........ tous deux notables du bourg de........ dont nous avons requis l'assistance à l'effet d'être, en leur présence, procédé aux opérations ci-après, dont nous leur avons fait connoître l'objet, & de........ chirurgien demeurant à......... aussi requis de se trouver audit lieu pour y visiter, tant le particulier mort que le blessé, dont il est fait mention en la plainte dudit... lequel (chirurg.) a prêté en nos mains le serment de procéder en son ame & conscience à ladite visite, & de déclarer vérité, nous nous sommes transportés en la maison ou demeure de........ sise à......... rue......... où étant entrés, nous avons requis ledit Pierre........ de tenir fermées les portes de sa maison, afin que qui que ce soit ne s'en éloigne sans notre permission, jusqu'à ce que nous ayons procédé aux opérations qui font le sujet de notre transport. Nous avons aussi requis les sieurs............... gendarmes nationaux, présens, de faire perquisition dans toute la maison dudit Pierre........... où on soupçonnoit que pouvoient s'être réfugiés les complices dudit........... ce qu'ils ont fait, sans avoir pu rien découvrir; de suite ledit Pierre........... nous a conduits vers une chambre donnant sur la cour, au rez-de-chaussée; nous avons remarqué des traces de sang depuis l'allée qui conduit à ladite chambre, jusqu'à l'endroit où étoit déposé le corps mort que nous avons trouvé exposé............ en ladite chambre sur........... nous avons requis ledit.......... chirurgien, d'en faire la visite à l'instant, à quoi procédant ledit............ a remarqué que......... (*il déclare si l'individu paroît être mort tout récemment, & quelles sont ses blessures, &c.*) desquelles déclarations il résulte que ledit.......... est mort de mort violente, & qu'il a été tué par une arme à feu; en conséquence, & attendu que la cause de sa mort est connue, & que toutes autres recherches à cet égard seroient inutiles, nous avons déclaré que rien ne s'opposoit à ce que ledit corps mort ne fût inhumé suivant les formes ordinaires. Nous avons ensuite sommé ledit Jacques de nous dire s'il reconnoissoit ledit particulier : a répondu, non; s'il n'étoit pas vrai qu'il eût tiré un coup de pistolet : a répondu, non, & que ses compagnons seuls avoient tiré ; pourquoi il se trouvoit à l'heure de.......... dans la maison : a dit qu'il avoit été excité par ses compagnons; pourquoi il emportoit les effets dont il avoit été trouvé saisi ? a répondu que, &c. (*L'on prend ainsi tous les renseignemens possibles, tant de l'accusé que de toutes les personnes qui se sont trouvées présentes au délit, ou qui en ont quelque connoissance directe ou indirecte, &, on fait signer à tous leur déclaration. L'officier de police constate aussi l'état des portes & serrures brisées.*) Nous nous sommes de suite, & accompagnés des mêmes personnes, transportés en la chambre où étoit ledit Jacques, que nous avons trouvé couché dans un lit : (*on reçoit les déclarations de Jacques........... le chirurgien constate son état, interroge de nouveau le prévenu s'il reconnoît le malade, &c.,*) desquels examen, visite & déclarations, il résulte qu'il existe meurtre

Projet d'instruct. sur la procédure criminelle.   I

& vol avec effraction, que ces délits font de nature à mériter peine afflictive ; que ledit Claude............ a été trouvé faifi d'effets appartenans audit Pierre.......... & pris à l'inftant même du délit, & dans le lieu où il s'eft commis ; & que dans lefdites déclarations le nommé Victor.......... & Guillaume.......... abfens, fe trouvent forte. ment foupçonnés de complicité, pourquoi nous nous fommes déterminés à faire conduire fur-le-champ ledit Claude............. à la maifon d'arrêt du diftrict de........... & à citer pardevant nous ledit.......... (& autres) fuivant la forme indiquée par la loi. Nous avons en conféquence délivré un mandat d'arrêt, à l'effet de faire conduire fur-le-champ ledit Claude............ à la maifon d'arrêt du diftrict de.......... & un mandat d'amener contre lefdits Victor & Guillaume..... (& autres) & avons de ce que deffus dreffé le préfent procès-verbal. (*L'officier de police & les notables fignent.*)

Cédule pour appeler les témoins.

Etienne....... juge de paix, ou.......... officier de la gendarmerie nationale, officier de police, ou........... directeur du juré du tribunal du diftrict de........... ou préfident du tribunal criminel du département de............ mandons & ordonnons à tous huiffiers & gendarmes nationaux d'affigner Claude.......... Jacques, &c...... témoins indiqués par........ & tous autres qui pourroient être indiqués par la fuite, à comparoître en perfonne pardevant nous le............ heure, pour faire leurs déclarations fur les faits & circonftances contenues en la plainte rendue par Pierre...... &c. Fait à...... le...... *Signé*..........

Affignation en vertu de la cédule ci-deffus.

L'an........... en vertu de la cédule délivrée par........ le.......... j'ai...... huiffier........ ou gendarme national de......... affigné Claude.......... demeurant à......... à comparoître le............ heures.......... pardevant M.......... demeurant à.......... à l'effet de faire fa déclaration fur les faits dont eft queftion en la plainte mentionnée en ladite cédule, lui déclarant que, faute de comparoître fur la préfente affignation, il y fera contraint par les voies indiquées par la loi, & j'ai audit........ laiffé copie, tant de ladite cédule que du préfent acte. *Signé*, &c.

Procès verbal des déclarations des témoins.

L'an.......... le.......... pardevant nous officier de police........... ou directeur du juré du tribunal du diftrict de............. ou préfident du tribunal criminel du département de.......... font comparus (*tels & tels,*) témoins amenés par........ ou appelés en vertu de la cédule délivrée par nous le.......... à l'effet de déclarer les faits & circonftances qui font à leur connoiffance au fujet du délit dont eft queftion en la plainte rendue par Pierre........ &c. lefquels témoins fufnommés ont fait leur déclaration ainfi qu'il fuit.

Claude.............. demeurant à.......... âgé de............. a dit n'être parent, allié, ſerviteur ni domeſtique du plaignant, ni du prévenu, & déclaré que le.......... heure de............ il a vu........ &c. & a ſigné ladite déclaration ou déclaré ne ſavoir ſigner.

(Toutes les déclarations ſe rédigent ainſi ſans autre forme.)

Mandat d'amener.

DE PAR LA LOI.

Etienne......... juge de paix & officier de police du canton de........ diſtrict de....... département de.......... demeurant à.......... mandons & ordonnons à tous exécuteurs de mandemens de juſtice d'amener pardevant nous, en ſe conformant à la loi, le ſieur Victor,.......... maçon, demeurant à............ rue.......... âgé d'environ........ taille de...... cheveux bruns, pour être entendu ſur les inculpations dont ledit Victor.......... eſt prévenu, & de le conduire d'abord, s'il le demande, devant la municipalité du lieu où il ſera trouvé.

Requérons tous dépoſitaires de la force publique de prêter main-forte, en cas de néceſſité, pour l'exécution du préſent mandat.

A.......... (date,) (ſignature de l'officier de police,) (ſceau de l'officier de police.)

Procès-verbal dreſſé par le porteur d'un mandat d'amener.

L'an.......... j'ai.......... ſouſſigné, en vertu du mandat d'amener délivré par......... officier de police, le......... ſigné de lui & ſcellé, me ſuis tranſporté au domicile de Victor......... demeurant à.......... auquel, parlant à ſa perſonne, j'ai notifié le mandat d'amener dont j'étois porteur, le requérant de me déclarer s'il entend obéir audit mandat, & ſe rendre pardevant ledit.......... officier de police : ledit ſieur.......... m'a répondu qu'il étoit prêt à obéir à l'inſtant, mais qu'il demandoit auparavant d'être conduit devant la municipalité de.......... à quoi obtempérant, j'ai accompagné ledit.......... chez le maire dudit lieu, auquel j'ai préſenté le mandat dont j'étois porteur. Cet officier, après avoir examiné ledit mandat, y a inſcrit ſon *viſa*, & déclaré audit.......... que nulle raiſon ne s'oppoſoit à ſa pleine & entière exécution; en conſéquence, j'ai conduit ledit ſieur.......... pardevant le.......... officier de police de....... pour y être entendu, & être ſtatué à ſon égard ce qu'il appartiendra, & j'ai de tout ce que deſſus dreſſé le préſent procès-verbal.

(Si l'inculpé refuſe d'obéir, l'huiſſier doit ſe conduire ainſi qu'il va être dit). Lequel m'a répondu qu'il ne vouloit point obéir audit mandat d'amener; je lui ai vainement repréſenté que ſa réſiſtance injuſte ne pouvoit le diſpenſer d'obéir au mandement de la juſtice, & m'obligeroit à uſer des moyens de force que j'étois autoriſé à employer par la loi; ledit ſieur..........s'eſt obſtiné à refuſer d'obéir au mandat. En conſéquence

J'ai faiſi & appréhendé au corps, étant aſſiſté de.........gendarmes nationaux du département de..........réſidant à..........deſquels j'ai requis l'aſſiſtance pour que force demeure à juſtice; j'ai conduit ledit pardevant.........&c.

Mandat d'arrêt.

DE PAR LA LOI.

Etienne........juge de paix & officier de police du canton de........diſtrict de ....département de.......... mandons & ordonnons à tous exécuteurs de mandemens de juſtice de conduire en la maiſon d'arrêt du diſtrict de............... Claude.........journalier, demeurant à.........prévenu de complicité d'un vol avec effraction & des meurtres commis le.........en la maiſon de Pierre......... mandons au gardien de ladite maiſon d'arrêt de le recevoir, le tout en ſe conformant à la loi; requérons tous dépoſitaires de la force publique auxquels le préſent mandat ſera notifié, de prêter main-forte pour ſon exécution en cas de néceſſité. (*Date, ſignature, ſceau.*)

Déſistement de la plainte dans les vingt-quatre heures par le plaignant.

L'an.....le......heure de......Pierre......s'eſt préſenté devant noûs, & nouſ a déclaré qu'il ſe déſiſtoit purement & ſimplement de la plainte par lui portée devant nous le.......... au ſujet (*on ſpécifie le délit*) & dont les circonſtances ſont détaillées en ladite plainte, n'entendant donner aucune ſuite à la dénonciation dudit délit; pour-quoi il nous requiert de biffer & anéantir ladite plainte; nous, attendu que le délai de vingt-quatre heures fixé par la loi n'eſt pas encore expiré, avons donné acte audit.... de ſon déſiſtement; en conſéquence avons biffé en ſa préſence ladite plainte ſur le regiſtre ou feuille où elle étoit inſcrite (*ou bien*), avons donné acte audit...... de ſon déſiſtement; & attendu que le délit énoncé dans la plainte intéreſſe l'ordre public, nous avons pris ladite plainte pour dénonciation. En conſéquence diſons qu'elle ſubſiſ-tera, à l'effet d'être procédé, conformément à la loi, à la pourſuite du délit dont il s'agit, & avons de ce que deſſus dreſſé le préſent acte. (*Signé le plaignant & l'officier de police.*)

Dénonciation civique.

L'an.........le......... Jacques......... demeurant à.........s'eſt préſenté devant nous, & nous a déclaré que paſſant dans la rue de.........cejourd'hui ſix heures du matin, il avoit aperçu deux hommes vêtus de........taille de.........

lefquels, armés chacun d'un fufil, s'étoient faifis d'un particulier fortant d'une maifon
donnant fur ladite rue, numérotée........lequel malgré fa réfiftance, & après l'avoir
maltraité, ils avoient emmené & fait entrer par force dans une voiture qui fe trouvoit
au coin de ladite rue.........vis-à-vis une maifon où on entre par une allée étroite
fermée d'une petite porte; que là, les deux particuliers & la perfonne par eux enlevée
étoient defcendus & entrés dans ladite allée, dont la porte a été fur-le-champ fermée;
que ledit........& deux voifins qu'il a conduits pardevant nous pour dépofer defdits
faits, s'étant approchés & ayant prêté l'oreille, ils entendirent une voix qu'ils croient
être celle du particulier maltraité, & qui s'exhaloit en reproches contre les violences
exercées envers un citoyen innocent; que ledit.......... & les deux autres témoins
ayant demandé au cocher qui conduifoit ladite voiture, s'il connoiffoit les perfonnes
entrées dans ladite maifon, il leur répondit qu'il foupçonnoit, &c. (*on détaille toutes
les circonftances*,) que ledit.......... certain que la maifon où avoit été conduit le
particulier enlevé en fa préfence, n'étoit pas un lieu de détention, & convaincu que
cet attentat à la liberté d'un citoyen, ne pouvoit être que l'effet d'un abus d'autorité,
ou d'un complot criminel, venoit nous dénoncer ce délit dont les témoins qu'il avoit
amenés attefteroient les circonftances qui font à leur connoiffance; fur quoi nous, ouï
l'expofé dudit.......... nous lui avons demandé s'il étoit prêt à figner & affirmer fa
dénonciation, & s'il vouloit donner caution de la pourfuivre, ledit.........a répondu
qu'il étoit prêt à figner fa déclaration & en affirmer la vérité; qu'à l'égard de la caution,
fon intention n'étoit pas de la fournir, ni de pourfuivre en fon nom le délit par lui dé-
noncé; vu lequel refus, & attendu néanmoins que le fait déclaré par ledit..........
s'il étoit avéré, feroit un délit puniffable, & qu'il importe à l'ordre public de vérifier
l'exiftence & les circonftances d'un pareil attentat;

Après avoir entendu la déclaration de........& de........ demeurans à........
témoins amenés par ledit..........lefquels nous ont dit : favoir.......... & l'autre
..........laquelle déclaration eft conforme à l'expofé dudit.......... nous difons
qu'à l'inftant même nous nous tranfporterons rue........dans la maifon........
à l'effet d'y faire perquifition & de prendre tous les renfeignemens & éclaireiffemens
néceffaires, pour enfuite être procédé par nous ainfi qu'il fera convenable & conformément à la loi. (*Signé*...... *le dénonciateur, les témoins, l'officier de police.*)

Acte d'accufation.

Le directeur du juré du tribunal du diftrict de.......... expofe que le........du
mois de......., le fieur ....gendarme national du département de........
demeurant à........ porteur du mandat d'arrêt délivré le........ par....... juge-
de-paix & officier de police du canton de........ contre Jacques........ prévenu
d'avoir........ a conduit en la maifon d'arrêt de........ dudit tribunal la perfonne dudit........ & remis les pièces concernant ledit....... au greffe du tribunal;
qu'auffitôt ladite remife ledit Jacques........ a été entendu par le directeur du juré
fur les caufes de fa détention, que le fieur Pierre.......... partie plaignante dé-
nommée dans lefdites pièces, ne s'étant pas préfentée dans les deux jours (1) de la

____

(1) Si la partie plaignante fe préfente dans les deux jours, l'acte d'accufation eft dreffé en fon nom,
& la formule en eft la même, fauf qu'il en faut retrancher toute la partie où le directeur du juré
expofe qu'il intervient à défaut du plaignant.

remife du prévenu, en la maifon d'arrêt, le directeur du juré a procédé à l'examen des pièces relatives aux caufes de la détention & de l'arreftation dudit.........; qu'ayant vérifié la nature du délit dont eft prévenu ledit Jacques........ il n'avoit pas trouvé que ce délit fût de nature à mériter peine afflictive ni infamante, mais que fur le rapport fait par le directeur du juré au tribunal du diftrict, ledit tribunal, après avoir entendu le commiffaire du roi, a décidé que le délit dont il s'agit étoit de nature à mériter peine afflictive; en vertu de cette décifion le directeur du juré a dreffé le préfent acte d'accufation, pour, après les formalités requifes par la loi, être préfenté au juré d'accufation; le directeur du juré déclare en conféquence qu'il réfulte de l'examen des pièces, & notamment du procès-verbal dreffé le....... par...... officier de police dudit canton de...... lequel procès-verbal eft annexé au préfent acte, que le........ jour......... heure, il a été commis un vol dans la maifon de........ fituée à........ rue........ que les voleurs fe font introduits dans une chambre donnant........ dont ils ont brifé la porte......... qu'ils ont forcé la ferrure d'une armoire.... &c. que Jacques..... demeurant à..... & détenu en la maifon d'arrêt du diftrict de........ eft prévenu d'avoir commis ledit vol; que ledit Jacques a déclaré au directeur du juré fouffigné, qu'à la vérité il s'étoit introduit avec deux autres particuliers qu'il a refufé de nommer, dans la maifon & la chambre fuf-défignés, mais qu'il n'a participé en aucune manière au vol dont il s'agit, &c...... qu'il réfulte de tous ces détails, atteftés par le fufdit procès-verbal, que le vol dont il s'agit a été commis avec effraction extérieure & intérieure, fur quoi les jurés au-ront à prononcer s'il y a lieu à accufation contre ledit Jacques à raifon du délit men-tionné au préfent acte. Fait à...... le,...... (*Le directeur du juré figne*).

Ordonnance de prife de corps.

Nous...... juge du tribunal du diftrict de...... & directeur du juré, vu la déclara-tion des jurés étant au bas de l'acte d'accufation dont la teneur fuit...... laquelle dé-claration, à nous remife ce jourd'hui par le chef defdits jurés en leur préfence, porte qu'il y a lieu à l'accufation mentionnée audit acte, ordonnons que led. Jacques....fera pris au corps & conduit directement en la maifon de juftice du tribunal criminel de..... (foit de celui de...... entre lefquels il pourra opter dans le délai, & en la forme in-diquée par la loi). Mandons & ordonnons de mettre à exécution la préfente ordonnance dont fera laiffé copie aud...... & qui fera par nous notifiée conformément à la loi, tant à la municipalité de la ville de...... qu'à celle dud...... où led. Jacques étoit domicilié. A....le...... (*figné.*)

Si le prévenu eft détenu en la maifon d'arrêt, l'ordonnance portera :

Ordonnons que led. Jacques....... détenu en la maifon d'arrêt du diftrict de....... fera transféré & conduit de ladite maifon..... en la maifon de juftice du tribunal cri-minel, &c.

Si le prévenu a déja été reçu à caution, l'ordonnance portera : vu la déclaration du juré & attendu que led...... a déja été reçu à caution, pardevant le juge de paix du canton de......... lui enjoignons de comparoître à tous les actes de la procédure criminelle qui fera inftruite contre lui, au tribunal criminel du département de......... établi à........ en conféquence d'élire domicile dans ladite ville & de le notifier au commiffaire du roi dudit tribunal, le tout à peine d'y être contraint par corps. A...le.....

Signification au juré que fon excufe n'a point été admife.

L'an.......le....... à la réquifition de....... directeur du juré du tribunal du diftrict de.... j'ai...... fignifié à... demeurant à... l'un des citoyens infcrits fur la lifte pour former le juré d'accufation, que l'excufe par lui propofée pour être difpenfé de fe rendre à l'affemblée du juré d'accufation le........ prochain, ayant été préfentée au tribunal du diftrict de...... elle a été jugée non-valable par led. tribunal, que d'après cette décifion le nom dud..... a été foumis au fort pour la formation du juré d'accufation, & qu'il eft du nombre des huit citoyens compofant led. tableau ; qu'en conféquence led..... eft fommé de fe rendre le..... jour fixé pour l'affemblée du juré d'accufation ; lui déclarant que faute par lui de fe trouver auxd. jour, lieu & heure, il fera condamné aux peines prononcées par la loi : & j'ai laiffé copie du préfent acte, tant aud...... qu'aux officiers municipaux dud. lieu de (domicile du juré) en parlant au greffier de lad. municipalité.

(Cette fignification eft la même pour le juré de jugement, il n'y a que les termes à changer).

Jugemens du tribunal criminel.

Louis, &c.

Vu par le tribunal criminel du département de... l'acte d'accufation dreffé contre Jacques, par Pierre, partie plaignante (ou par le directeur du diftrict de • • • • •) & dont la teneur fuit. . . . .

. . . .

la déclaration du juré d'accufation du diftrict de . . . . écrite au bas dudit acte, & portant qu'il y a lieu à l'accufation mentionnée audit acte, l'ordonnance de prife-de-corps rendue par le directeur du juré dudit diftrict, contre ledit Jacques, le procès-verbal de la remife de fa perfonne en la maifon de juftice du départe ment, ou la déclaration du juré de jugement, portant que Jacques eft convaincu d'avoir • • • • • • le tribunal, après avoir entendu le commiffaire du roi, condamne Jacques à • • • • • (exprimer la peine) conformément à l'article . . . du T . . . . du code pénal, dont il a été fait lecture, lequel eft ainfi conçu (inférer le texte), ordonne que le préfent jugement fera mis à exécution à la diligence du commiffaire du roi. Fait à • • • • • le • • • • en l'audience du tribunal où étoient préfens N. & N. juges du tribunal qui ont figné la minute du préfent jugement.